Ihre Ausstrahlung

– erkennen, entwickeln und gezielt einsetzen

Michael A. Reiter

2. Auflage

Haufe

2144 € pro m2
+ 1 monat
Zahl 2000 €
nur 35%
für Betriebskost
35127 Heizung

www kfw de

Bibliografische Information der Deutschen Bibliothek
Die Deutsche Bibliothek verzeichnet diese Publikation in der Deutschen Nationalbibliografie; detaillierte bibliografische Daten sind im Internet über http://dnb.ddb.de abrufbar.

ISBN 3-448-06536-6
Bestell-Nr. 00731-0002

1. Auflage 2002 (ISBN 3-448-05191-8)
2., überarbeitete Auflage 2004

Niederlassung Planegg b. München
Postanschrift: Postfach, 82142 Planegg
Hausanschrift: Fraunhoferstraße 5, 82152 Planegg
Fon (0 89) 8 95 17-0, Fax (0 89) 8 95 17-2 50
E-Mail: online@haufe.de
Internet: www.haufe.de
Lektorat: Gisela Fichtl
Redaktion: Sylvia Rein

Satz + Layout: S6-media gmbH, 82166 Gräfelfing
Umschlagentwurf: Agentur Buttgereit & Heidenreich, 45721 Haltern am See
Titelbild und Umschlaggestaltung: Simone Kienle, par:two, büro für visuelles, 70182 Stuttgart
Illustrationen: Michael Wirth, 82131 Stockdorf
Druck: freiburger graphische betriebe, 79108 Freiburg

Zur Herstellung der Bücher wird nur alterungsbeständiges Papier verwendet.

TaschenGuides – alles, was Sie wissen müssen

Für alle, die wenig Zeit haben und erfahren wollen, worauf es ankommt. Für Einsteiger und für Profis, die ihre Kenntnisse rasch auffrischen wollen.

Sie sparen Zeit und können das Wissen effizient umsetzen:

Kompetente Autoren erklären jedes Thema aktuell, leicht verständlich und praxisnah.

In der Gliederung finden Sie die wichtigsten Fragen und Probleme aus der Praxis.

Das übersichtliche Layout ermöglicht es Ihnen sich rasch zu orientieren.

Anleitungen „Schritt für Schritt", Checklisten und hilfreiche Tipps bieten Ihnen das nötige Werkzeug für Ihre Arbeit.

Als Schnelleinstieg die geeignete Arbeitsbasis für Gruppen in Organisationen und Betrieben.

Ihre Meinung interessiert uns! Unter online@haufe.de können Sie an die TaschenGuide-Redaktion mailen. Wir freuen uns auf Ihre Anregungen.

Inhalt

Vorwort

Manche Menschen fesseln und faszinieren uns. Sie treten in den Raum und verändern die Atmosphäre: eine etwas steife Runde wird plötzlich locker und angenehm. Doch worin liegt die Kraft einer solch starken Ausstrahlung? Kann man seine Wirkung auf andere beeinflussen?

Künstlich schaffen oder mechanisch antrainieren können Sie sich eine positive Ausstrahlung nicht. Aber Sie können sie aus sich herausholen, indem Sie innere Blockaden lösen, die Ihre Wirkung auf andere schwächen.

In diesem TaschenGuide stelle ich Ihnen einen Weg vor, wie Sie zu einer gelassenen und souveränen Haltung kommen können. Sie erfahren, worauf eine positive Ausstrahlung beruht, welche Signale unsere Wirkung auf andere beeinflussen und wie Sie damit umgehen können. Zahlreiche Übungen zur Haltung, Gestik, Mimik und Stimme helfen Ihnen dabei.

Ihre Ausstrahlung ist stark, wenn es keine Lücke gibt zwischen dem, wie Sie scheinen möchten, und dem, wie Sie in jedem Moment sind. Daran lässt sich mit durchgreifendem Erfolg arbeiten – meine Trainings und Workshops haben es immer und immer wieder bewiesen.

Viel Freude und Erfolg dabei wünscht Ihnen Ihr

Michael A. Reiter

Eine gute Ausstrahlung – aber wie?

Warum ziehen uns manche Menschen unweigerlich in ihren Bann? Sind Menschen, die Charisma haben, nur besonders überzeugende Schauspieler? Oder steckt mehr hinter einer starken Ausstrahlung?

Das Geheimnis einer guten Ausstrahlung

Sie kennen solche Situationen: Eine neue Kollegin hat in Ihrer Abteilung angefangen. Sie haben sie das erste Mal kurz auf dem Gang gesehen und sind hingerissen: eine richtige Schönheit wird da demnächst in Ihrem Nachbarbüro sitzen. Einige Wochen später können Sie sich an Ihre anfängliche Bewunderung kaum mehr erinnern. – Was ist passiert?

Die Kollegin ist durchaus sympathisch, sie hat sich rasch eingearbeitet und verhält sich auch nicht unkollegial. Aber sie wirkt farblos. Auf Besprechungen oder Präsentationen hat man immer das Gefühl, sie steht nicht hinter dem, was sie sagt. Spricht man sie an, scheint sie sich immer ein Stück zurückzuziehen. Es fehlt ihr einfach an Ausstrahlung.

Auch das Gegenteil werden Sie sicher schon erlebt haben: dass Ihnen jemand, nachdem Sie ihn kennen gelernt haben, viel interessanter erscheint als auf den ersten Blick. Oder dass jemand den Raum betritt, und Sie schon mit den ersten Worten fesselt. Er mag mit seinem Bauch und seiner großen Nase kein Anwärter auf einen ersten Platz im Schönheitswettbewerb sein, und doch wirkt seine Ausstrahlung so überzeugend, dass Sie auch sein Äußeres plötzlich sympathisch und interessant finden.

Wer eine starke positive Ausstrahlung hat,

- wirkt glaubwürdig und authentisch,
- wirkt sympathisch und souverän,

- macht andere neugierig auf sich,
- wird von anderen akzeptiert oder gar bewundert,
- kann leichter Kontakte knüpfen,
- kann andere besser überzeugen
- und besser motivieren.

Die ungeheure Kraft der Ausstrahlung

Damit haben wir schon eine erste Erkenntnis gewonnen: In unserer Wahrnehmung spielt die Ausstrahlung eines Menschen eine wesentlich größere Rolle als sein äußeres Erscheinungsbild. Die Ausstrahlung wirkt letztlich stärker als so mancher vermeintlich äußere Makel, den wir über den ersten Eindruck gewinnen. Eine elementare Einsicht, die Sie bei der weiteren Lektüre stets im Hinterkopf bewahren sollten.

Doch worin liegt nun das Geheimnis dieser Wirkung? Kommen wir noch einmal auf unser erstes Beispiel zurück: Spricht die Kollegin einfach nur zu leise, lächelt sie zu wenig oder ist ihre Mimik zu starr? Das mag alles sein, doch würde es ihr schon zu einer besseren Ausstrahlung verhelfen, wenn sie trainieren würde, lauter, deutlicher und mit einer ausgeprägteren Mimik und Gestik zu sprechen? – Wohl kaum!

Ausstrahlung hat viel mit Balance zu tun

Ausstrahlung ist mehr als antrainierte Gestik oder Stimmbildung. Faszinierende Persönlichkeiten sind in aller Regel nicht einfach perfekt, sie strahlen eine Harmonie aus, die ihnen Präsenz, Ausdrucksstärke und Gelassenheit verleiht. Die

Quelle dieser Harmonie ist ihre innere Balance (siehe Seite 21), die sie auch in angespannten Situationen souverän bleiben lässt. Solche Menschen handeln unter den verschiedensten Bedingungen konsistent. Dies wird für andere über ihre Ausstrahlung spürbar. Ausstrahlung vermittelt nichts anderes als den Grad innerer Harmonie, der bei anderen eine weniger oder stärkere positive Wirkung hervorruft.

Machen Sie den Test

Notieren Sie sich zwei bis drei Menschen aus Ihrem näheren und weiteren Bekanntenkreis, die Ihrer Meinung nach eine starke, positive Ausstrahlung haben. Beschreiben Sie ihre Größe, Haarfarbe und Haltung – was auch immer Ihnen zu diesen Menschen einfällt. Sind es immer die attraktivsten, schlanksten, fehlerfreiesten?

Worauf positive Ausstrahlung beruht

Akzeptieren Sie sich selbst

Vorweg sei eine wichtige Voraussetzung für eine starke Ausstrahlung genannt, der Boden sozusagen, auf dem sie sich erst richtig entfalten kann: Wir müssen uns selbst akzeptieren, unsere Schwächen anerkennen und offen damit umgehen! Wer mit seinem Schicksal hadert, sich ständig ungerecht behandelt fühlt, wer seinen Körper hasst, weil er angeblich zu dick, zu klein oder zu hässlich ist, wird keine positive Ausstrahlung entfalten können. Er wird sich – im Gegenteil – mit dieser Haltung blockieren.

Wer seine Ausstrahlung entwickeln will, wer authentisch und selbstbewusst leben will, muss zuallererst sich selbst akzeptieren – ohne Wenn und Aber. Das bedeutet gewiss nicht, dass man damit jegliche Selbstkritik über Bord werfen soll. Dies wäre das andere Extrem. Aber Sie sollten erkennen können, wo Ihre Schwächen und Eigenheiten, ebenso wie Ihre Stärken und positiven Seiten liegen, wenn Sie sich so respektieren wollen, wie Sie sind.

Der Teufelskreis der Selbstverleugnung

Viele Menschen können sich Mängel oder Unperfektheit, warum auch immer, nicht zugestehen. Schließlich leben die meisten von uns in der ständigen Angst, jemand könnte sie auf ihre Fehler hinweisen und sie könnten dadurch verlieren. Meist mit einer schwer wiegenden Folge: Wenn wir immer nur an unsere Fehler denken, verspannen oder verkrampfen wir und blockieren uns. Wir verlieren unsere natürliche Souveränität. Unsere Ausstrahlung leidet.

Beispiel

Nach Feierabend gibt der Abteilungsleiter ein Glas Sekt aus, denn er hatte am Wochenende Geburtstag. Die neue Teamassistentin, die ständig mit ihrem Übergewicht kämpft, fühlt sich in solchen Situationen eher unwohl. Im Team sind so viele gut aussehende und kluge Leute, was wollen die schon mit ihr privat reden? Als der Teamleiter versucht sie in ein Gespräch zu verwickeln, hört sie nicht auf, sich selbst zu beobachten – jetzt nur keinen Mist reden. Das Gespräch kommt nicht recht in Fluss. Schon bald wendet er sich mit der Entschuldigung ab, er müsse jemanden begrüßen. Sie glaubt auch zu wissen, warum: „Dicke mag eben keiner."

Solche Hemmungen und Blockaden registrieren unsere Mitmenschen natürlich, und zwar meist unbewusst, und reagieren entsprechend zurückhaltend, vorsichtig oder gar ablehnend. Doch statt dies der hausgemachten Blockade zuzuschreiben, sind wir überzeugt, dass eine für uns enttäuschende Rückmeldung – wie im Beispiel die Beendigung des Gesprächs – genau auf unsere persönlichen Mängel – das Übergewicht der Teamassistentin – zurückzuführen ist. So fühlt man sich in seiner Negativhaltung bestätigt: „Dicke mag eben keiner."

■ *Wer selbst nicht an sich glaubt, dem glauben auch andere nicht.* ■

Allein das Erkennen eines solchen Verhaltensmusters kann für Sie schon der erste Schritt sein, es zu durchbrechen.

Ausstrahlung ruht auf drei Säulen

Das klingt so, als müsste man erst einmal ziemlich viel an sich arbeiten. Aber keine Angst, Sie müssen sich nicht gleich auf die Couch legen, um Ihre Ausstrahlung zu verbessern. Es genügt schon, wenn Sie bereit sind, mit Ihrem Körper zu arbeiten und sich und andere für einige Momente bewusster wahrzunehmen – denn das sind die wichtigsten Voraussetzungen, wie Sie authentischer werden und zu Ihrer inneren Balance finden können.

Genauer gesagt, beruht Ausstrahlung auf drei Säulen:

- einem bewussten Körperempfinden,
- einem authentischen Körperausdruck (dazu gehören Ihre Haltung, Atmung, Gestik, Mimik und Stimme) und
- einer bewussten, neutralen und unvoreingenommenen Wahrnehmung anderer.

In den nächsten Abschnitten finden Sie eine Reihe von Übungen, mit denen Sie diese drei Säulen stärken können.

Was hat Ihr Körpergefühl mit Ihrer Ausstrahlung zu tun?

Was uns nach außen natürlich und authentisch wirken lässt, ist eine zentrierte, entspannte Haltung (dazu mehr ab Seite 22). Sitzen, stehen oder gehen Sie in jeder Lebenslage entspannt? –„Natürlich nicht! Dazu bin ich viel zu sehr im Stress." So oder so ähnlich werden die meisten antworten.

Die Zunahme an äußeren Reizen ist tatsächlich einer der Hauptgründe, warum wir außer Balance kommen und das Gespür für unseren Körper verlieren. Das tägliche Arbeitspensum tut sein Übriges dazu. Und unsere Ausstrahlung leidet. Eine positive Wirkung nach außen entscheidet aber mehr als alles andere über Erfolg oder Misserfolg in unserem Leben, beruflich wie privat. Was können wir dafür tun?

Können „Haltungsregeln" helfen?

Häufig versuchen wir unsere Wirkung zu beeinflussen, indem wir diese oder jene „Haltungsregel" befolgen, indem wir z. B. versuchen stets aufrecht zu sitzen und uns gerade zu halten. (Dazu mehr ab Seite 40.)

Was soll am aufrechten Sitzen, an einer geraden Haltung falsch sein? Überall versichern uns Trainer, dass eine gerade, aufrechte Haltung Stärke, Willenskraft und Kompetenz vermittelt. Wir wollen dem gar nicht widersprechen – und doch haben wir einen grundlegenden Einwand: Eine aufrechte Haltung, die nicht aus Ihrer Mitte kommt, der keine innere Balance zugrunde liegt, wird Sie nicht zu dem gewünschten Ziel führen. Sie laborieren nur an oberflächlichen Symptomen herum, ohne das wirkliche Übel an der Wurzel zu packen. Wer übertrieben aufrecht sitzt, signalisiert nicht weniger Unsicherheit, als jemand, der zusammengesunken auf seinem Stuhl sitzt.

Dazu muss Ihr Körpergefühl stimmen. Ein bewusstes Wahrnehmen Ihres Körpers ist die Voraussetzung für eine natürliche Körperhaltung, in der Sie die gewünschte Souveränität, Ruhe und Stärke ausstrahlen.

■ *Nur wenn Ihre Haltung aus Ihrer inneren Balance entspringt, unterstützt sie Ihre Ausstrahlung positiv.* ■

Ausstrahlung lässt sich nicht spielen

Eine angespannte, unnatürliche Haltung spürt unser Gesprächspartner unmittelbar. „Der ist aber angespannt“, „der steht ganz schön unter Strom“ oder „der kämpft gerade darum, alles noch so halbwegs gebacken zu kriegen“ – diesen Eindruck machen Kollegen oder Verhandlungspartner nicht selten auf uns. Wie oft wird das unser Gegenüber nicht auch bei uns so empfinden? Spürbare Anspannung setzen wir mit Überforderung, Unsicherheit und fehlender Souveränität gleich. Sie schwächt unsere Position in Verhandlungen und die Bereitschaft anderer, uns zu vertrauen.

Ganz anders wirkt eine aus dem Inneren kommende, gewachsene Stabilität. Doch diese so faszinierende Form von Souveränität ist nicht durch Willenskraft erreichbar. Auch wenn wir wissen, dass wir umso souveräner wirken, je gelöster und gelassener wir sind – eine inszeniert lässige Haltung wird den gewünschten Eindruck nicht erzeugen können. Solange wir nicht authentisch sind und einen bestimmten Eindruck erzeugen wollen, wird auch unsere Ausstrahlung nicht authentisch sein.

Keine Lücke zwischen Sein und Schein

Ein zweiter wichtiger Punkt betrifft das Zusammenspiel unserer Ausdrucksmittel. Wenn unsere Körpersprache und unser Reden nicht in sich stimmig sind, wirken wir nicht mehr natürlich. Das kann dazu führen, dass andere das Vertrauen in uns verlieren.

Beispiel

Ein Projektleiter hat eine Teambesprechung. Ein neues Teammitglied kommt erstmals in sein Projekt. Der Projektleiter nimmt sich vor, gleich für klare Fronten zu sorgen und den zielstrebigen, harten Chef zu spielen. Er rattert Ziele, Aufgaben, Spielregeln herunter. Doch irgendwie wird das neue Teammitglied den Eindruck nicht los, dass es in diesem Projekt alles andere als streng zugehen wird. Zu gekünstelt wirkt die ganze Vorstellung, die sein neuer Projektleiter da abliefert. Und zu dem soll er Vertrauen haben?

Erst, wenn Sie sich so zeigen, wie Sie wirklich sind, werden Sie für Ihre Gesprächspartner real und greifbar, präsent und offen. Verspannungen lösen sich. Die Potenziale daraus wandeln sich in Gelassenheit und erhöhte Aufmerksamkeit. Eine permanent künstliche Haltung aufrechtzuerhalten, kostet extrem viel Energie. Frei von solchen Anstrengungen können Sie Gesprächsentwicklungen viel spontaner folgen, angemessener handeln und erfassen, worum es im Moment wirklich geht. Für Sie wird es leichter, Sie sind nicht länger Gefangener einer von außen auferlegten oder selbst gewählten Rolle, sondern haben die Fäden wieder in der Hand. Bleiben Sie natürlich und verlassen Sie sich auf sich selbst – es lohnt sich.

■ *Vielleicht kennen Sie Menschen mit gekrümmtem Rücken, die sich kaum aufrecht halten können und dennoch eine starke lebensbejahende Ausstrahlung haben. An solchen Beispielen sehen Sie, dass Ihre Ausstrahlung vor allem von Ihrer inneren Balance abhängt.* ■

Die innere Balance finden

Basis für eine konstruktive innere Haltung sich selbst und dem Leben gegenüber ist Ihre innere Balance. Im Optimalfall eine Ausgeglichenheit und Souveränität, die so fest in Ihnen verankert ist, dass sie Ihnen auch in Stresssituationen nicht abhanden kommen kann.

Eine solche Balance lässt sich erreichen. Der Weg dorthin führt über die bewusste Wahrnehmung Ihres Körpers und die Entwicklung eines Körperempfindens aus der Körpermitte heraus. Erwiesenermaßen lösen sich auf diese Weise Verspannungen, wertvolle Energien werden frei, die Sie zusätzlich nutzen können. Wir werden Ihnen dazu in den Kapiteln „Finden Sie Ihre innere Balance“ (Seite 21) und „Lassen Sie Ihren Körper sprechen“ (Seite 69) konkrete Übungen vorschlagen. Diese Übungen sind wichtig, auch wenn Sie Ihnen manchmal vielleicht banal erscheinen mögen. Lassen Sie sich darauf ein und warten Sie die Wirkung ab – ohne Fixierung auf ein bestimmtes Ergebnis.

Gewinnen Sie an Souveränität

Innere Balance bedeutet, dass Sie einen ruhenden Pol in sich fühlen können, der für Sie so unerschütterlich ist wie der feste Boden unter Ihren Füßen. Von dieser Basis aus wird es Ihnen leichter fallen, mit vielen äußeren Einflüssen und den zahllosen Anforderungen, die uns manchmal zu erschlagen drohen, umzugehen.

Die bewusstere Wahrnehmung unseres Körpers, unserer Empfindungen und Bedürfnisse führt auch zu sichereren Entscheidungen: Wir wissen, wann wir einen Riegel vorschieben müssen, wann wir uns abgrenzen sollten und wann wir uns auf die Forderungen von außen einlassen können. Wenn wir uns selbst besser wahrnehmen können, fällt es uns leichter, andere richtig einzuschätzen und uns anderen gegenüber angemessener zu verhalten. Kurz: Wir werden souveräner und haben eine stärkere Ausstrahlung.

Bleiben Sie authentisch!

Ausstrahlung lässt sich nicht spielen, nicht willkürlich antrainieren – wir können es nur immer wieder betonen. Das ist gerade das Faszinosum einer starken Ausstrahlung, einer gewachsenen Stärke, die von Innen heraus strömt. Menschen mit starker Ausstrahlung wirken jederzeit glaubhaft. Sie können sich ruhig auch einmal Konventionen widersetzen, ohne damit zu brüskieren. Es sind Menschen, die nichts nur um der Wirkung willen tun, sondern weil es ihrem Selbst entspricht. Sie sind einfach authentisch.

Haben Sie Mut zum Selbst

Doch gerade dazu, unser Selbst und unsere Unverwechselbarkeit herauszustellen, fehlt uns oft der Mut. Wir glauben in der Gesellschaft bestimmte Rollen spielen und bestimmte Erwartungen erfüllen zu müssen. Wir schielen nach Anerkennung und Lob. Und wir glauben, all dies nur erreichen zu können, indem wir jemanden spielen, der wir meist gar nicht sind. Wir laufen ständig einem Idealbild hinterher – und verlieren uns dabei selbst. Dann strahlen wir nach außen Widersprüchliches aus und unsere Gesprächspartner können kein Vertrauen aufbauen.

Wie Sie Ihre Rolle spielen

Keine Frage, wir müssen manchmal tatsächlich Rollen spielen in unserem Beruf, ob wir unsere Firma repräsentieren sollen oder eine schwierige Verhandlung führen müssen. Und selbstverständlich sind wir auch mit Erwartungen konfrontiert, was unsere berufliche Leistung betrifft oder unsere Rolle als Ehepartner, Elternteil oder Freund. Nicht immer stimmen die Ziele, die von außen an uns herangetragen werden, mit unseren eigenen Zielen überein. Doch das Problem ist anders gelagert. Nicht die Erwartungen, nicht die Rollen sind die eigentliche Schwierigkeit – problematisch ist, wie wir sie zu erfüllen hoffen.

Die individuelle Note

Bleiben wir uns selbst treu oder verkaufen wir uns in vorauseilendem Gehorsam? Hören wir auf uns selbst oder hören wir nur auf andere?

Ausstrahlung hat auch mit dem Mut zur Individualität zu tun. Wer sich nur an anderen orientiert und nicht nach den eigenen Bedürfnissen und Wünschen fragt, verschenkt sein wichtigstes Potenzial: seine eigene unverwechselbare und einzigartige Identität. Stärken Sie Ihre unverwechselbaren Wesenszüge und Sie werden unmittelbar an Ausstrahlung und Souveränität gewinnen. Dies wird positive Rückmeldungen Ihres Umfelds provozieren – ein Schlüssel des Geheimnisses erfolgreicher Menschen.

Sie müssen nicht allen gefallen

Sie müssen nicht und Sie können vor allem auch gar nicht allen gefallen. Dazu sind die Menschen, ihre Haltungen und Geschmäcker viel zu verschieden. Wer allen gefallen wollte, müsste sich wie ein Chamäleon ständig verändern, wäre für andere aber nie greifbar, seine Handlungen wären kaum nachvollziehbar. Auf solche Weise entfernt man sich immer weiter von sich selbst und verspielt die Möglichkeit zu echter Sympathie (siehe dazu auch das Kapitel „Wie Sie auf andere wirken", Seite 105).

Dass Sie es nicht allen recht machen können, sollte Sie nicht schrecken, im Gegenteil, begreifen Sie es als Chance: Zeigen Sie Ihren besonderen Charakter. Versuchen Sie mit Ihrer individuellen Note echte Sympathien zu erringen, die Ihnen dann tatsächlich weiterhelfen. Mit netter Gesichtslosigkeit ecken

Sie zwar nirgendwo an, aber Sie hinterlassen auch keinen bleibenden Eindruck.

■ *Wer immer allen gefallen will, wer es immer allen recht machen will, kann keine starke Ausstrahlung entwickeln. Er ist nur stets auf der Suche nach dem Bild, das sich andere von ihm machen, und versucht diesem Bild zu entsprechen.* ■

Wie wir andere wahrnehmen

Wenn wir mit anderen Menschen sprechen oder sie auch nur im Fernsehen oder in der Öffentlichkeit beobachten, merken wir blitzschnell, ob zwischen dem, was sie sagen oder tun, und ihrem Erscheinungsbild Übereinstimmung herrscht oder nicht. Ist das nicht der Fall, so empfinden wir ihre Ausstrahlung als unstimmig, im Extremfall vielleicht sogar abstoßend.

Menschen haben ein ganz besonderes Sensorium entwickelt, mit dem sie prüfen, ob jemand meint, was er sagt, und ob sie ihm vertrauen können, oder ob sie vorsichtig sein müssen und ihm lieber erst einmal nicht glauben sollten. Wollen wir selbst auf andere positiv wirken, so werden wir das nur schaffen, wenn wir diese Übereinstimmung zwischen unseren Gefühlen und unserem Auftreten nach außen leben.

Beispiel

Vielleicht haben Sie es auch schon einmal erlebt, wenn Sie einem Verkäufer gegenüberstanden, der übertrieben gestikulierte und lächelte, der Sie in jedem zweiten Satz mit Ihrem Namen ansprach: Vertrauen konnte er Ihnen auf diese Weise nicht einflößen. Sie hatten eher den Eindruck, er hat gerade ein Verkaufstraining absolviert und alle Instruktionen, die er dort erhalten hat, einfach nur nachgespielt. Damit aber konzentriert er sich mehr auf die Regeln, die man ihm dabei eingeschärft hat, als auf Sie: das Wohl und die Bedürfnisse seines Kunden.

Finden Sie Ihre innere Balance

Gelassen, aufrecht und souverän durchs Leben gehen – wer wünscht sich das nicht? In diesem Kapitel finden Sie zahlreiche Übungen, wie Sie Ihre Körperhaltung und Ausstrahlung verbessern können.

Mit einer zentrierten Körperhaltung gewinnen

Eine zentrierte, entspannte Körperhaltung und ein tief und harmonisch pulsierender Herzschlag (siehe ab Seite 30) sind die innere Basis für eine gute Ausstrahlung. Zentriert bedeutet: aus dem Schwerpunkt Ihres Körpers heraus in Balance. Eine zentrierte, aufrechte Haltung im Sitzen wie im Stehen ist der äußere Ausdruck davon. Doch wie erreichen wir eine „aufrechte" Haltung? Wenn wir einfach den Rücken strecken, werden wir kaum dauerhaften Erfolg haben.

Testen Sie Ihre Haltung

Testen Sie Ihre Haltung einmal selbst. Setzen Sie sich mit einem Stuhl seitlich vor einen Spiegel, und zwar so, dass Sie die Seitenlinie Ihres Körpers gut sehen können. Nehmen Sie nun eine Ihrer Meinung nach aufrechte Körperhaltung ein. Betrachten Sie jetzt den Verlauf Ihrer Wirbelsäule. Sitzen Sie tatsächlich aufrecht? Oder sitzen Sie so steif da, als hätten Sie einen Besenstiel verschluckt?

Es gibt kein Patentrezept

Patentrezepte oder Formeln für eine starke Ausstrahlung gibt es nicht. So funktioniert es nicht: Stärke, Willenskraft und Kompetenz = aufrechte Haltung; Souveränität, Gelassenheit = bequem im Stuhl zurücklehnen. Wer solche Patentrezepte unreflektiert befolgt, wird das gewünschte Ergebnis erst recht verfehlen. Er wird scheinkompetent wirken, wenn er zu aufrecht sitzt, und gerade nicht gelassen, wenn er es sich zu bequem gemacht hat. Seine Haltung wird dem Gesprächspartner allenfalls mangelnde Aufmerksamkeit signalisieren.

Bewahren Sie sich Ihr Körpergefühl

Doch das ist nicht das einzig Problematische daran, wenn Sie „körpersprachlichen Regeln" blind und ohne inneren Gleichklang gehorchen. Denn wer seinem Körper ständig bestimmte Haltungen aufzwingt, die einen gewollten Status quo suggerieren sollen, verliert schließlich sein Körpergefühl. Das Gespür für unsere Wirkung auf andere kommt uns abhanden. Wir verlieren auf Dauer das Vertrauen in die Wahrnehmung und Ausdruckskraft unseres Körpers.

Unbewusst nehmen wir unsere damit einhergehende Unsicherheit durchaus wahr und retten uns in Verlegenheitsposen. Solche unbewussten Körpersignale aber entgehen unseren Gesprächspartnern nicht. Sie fühlen, dass wir nur souverän wirken wollen. Unsere widersprüchlichen Körpersignale lassen sie an unserer Authentizität rasch zweifeln und sie ziehen sich mehr oder weniger zurück. Eine gewisse Distanz entsteht in jedem Fall.

Unbewusste Signale entdecken

Signale der Unsicherheit drücken sich meist über Arme und Hände aus:

- Die Arme werden verschränkt,
- eine oder beide Hände werden in die Hosentaschen gesteckt,

- man zupft an den Fingernägeln,
- man kratzt sich in den Handflächen und vieles andere mehr.

Da wir solche Signale unbewusst senden, begreifen wir häufig nicht, warum andere auf uns ablehnend oder skeptisch reagieren. In unseren Seminaren, in denen wir viel mit Foto- und Videodokumentation arbeiten, ist es schon so manchem Manager wie Schuppen von den Augen gefallen.

Beispiel
Als ich mir einmal mit einem Verkaufsleiter eines internationalen Konzerns gemeinsam das Video ansah, das wir von einem Gespräch mit einem Kunden gemacht hatten, war der Effekt verblüffend. Als er auf dem Video entdeckte, dass er ständig mit den Händen rang (was er nie bemerkt hatte), machte diese Geste selbst auf ihn einen unsicheren, wenig Vertrauen erweckenden Eindruck. Schon das Erschrecken darüber hatte in seinem Fall eine hilfreiche Wirkung und er agierte in Zukunft wesentlich souveräner.

Nehmen Sie Gelegenheiten wie Videoaufnahmen bei Seminaren unbedingt wahr, um Ihre Körpersprache zu beobachten. Lassen Sie sich auch von Kollegen oder Freunden gezielt Rückmeldungen zu Ihrer Haltung, Gestik oder Mimik geben.

Tipps zur Körpersprache richtig verstehen

Wenn man Ausstrahlung nicht antrainieren kann – was nützen Ihnen dann Tipps zur Körpersprache? Auch wenn Ihr Wesen immer stärker wirken wird als bewusst übernommene Gesten, können Ihnen Tipps für eine zentrierte, aufrechte Körperhaltung weiterhelfen. Und zwar dann, wenn Sie diese Tipps nicht nutzen, um etwas vorzuspielen, sondern um das, was Sie ohnehin empfinden und ausdrücken wollen, zu unterstreichen und besser hervorzuheben – wie im Falle unseres Verkaufsleiters. Voraussetzung dabei ist immer, dass Sie sich nicht nur mit Ihrer Körpersprache beschäftigen, sondern zugleich auch mit Ihrer inneren Einstellung. Egal, wie Sie an sich und Ihrer Haltung arbeiten, es wird nur nützen, wenn Sie authentisch bleiben.

■ *Dabei kann Ihnen übrigens auch ein Stylist oder Farbberater wertvolle Dienste erweisen. Wenn Ihr wahres Wesen dadurch besser zum Ausdruck kommt, Ihr Teint frischer wirkt, kann das nicht schaden.* ■

Wie Sie sich über Ihre Körperhaltung selbst motivieren

Forscher konnten nachweisen, dass unsere Körperhaltung nicht nur als Körpersprache nach außen wirkt, sondern auch umgekehrt auf unsere innere Haltung. Eine eingefallene äußere Haltung wirkt auf unser psychisches Erleben zurück. Die Aufforderung „Kopf hoch!", wenn es jemandem nicht gut geht, hat also einen ganz direkten Sinn: Denn wer sich trotz schlechter Laune und seelischer Leiden körperlich aufrichtet, kann Schmerz schneller auflösen und seelisch wieder fit werden, als jemand mit gebeugtem Kopf, eingefallenen Schultern und gekrümmtem Rücken. In solchen Haltungsmustern wird der Schmerz eher „eingekörpert" und vertieft. Diese Erkenntnis kann so manche Negativspirale durchbrechen.

Versorgen Sie Ihr Gehirn ausreichend mit Sauerstoff

Eine aufrechte, zentrierte Körperhaltung kann also sogar therapeutisch auf uns wirken. Wir wissen heute, dass unser Gehirn entsprechend unserer Körperhaltung in bestimmten Regionen stärker mit Sauerstoff versorgt wird oder eben nicht. Schon ein Lächeln aktiviert unser Gehirn und wirkt positiv auf unsere Stimmung zurück. Eine zentrierte Haltung bewirkt nachweislich eine um bis zu 70 Prozent höhere Aufnahme von Sauerstoff im Körper. Dadurch stabilisiert sich das Herz-Kreislaufsystem, der Lymphfluss und die Entgiftung über das lymphatische System verbessert sich, das Nervensystem wird belastbarer, Verspannungen werden gelöst, die individuellen Leistungsgrenzen und Ihre Wahrnehmung für sich und andere erweitern sich. Dieses Wissen konsequent umgesetzt, kann Ihnen in Sachen Ausstrahlung großen Nutzen bringen! (Übungen zur zentrierten Haltung siehe Seite 45 und 53.)

Test: Wechselwirkung Körper und Geist

Lassen Sie Schultern und Kopf hängen, gehen Sie eine Weile mit gekrümmtem Rücken und heben Sie die Füße dabei kaum an. Halten Sie die Hände vor dem Bauch oder hinter dem Rücken ineinander geschlossen.

Sie werden bald spüren, wie sich Ihre Gefühlswelt dieser Körperhaltung anpasst und Ihnen trübe Gedanken in den Sinn kommen. Machen Sie nun die Gegenprobe: Gehen Sie aufrecht mit erhobenem Kopf, lächeln Sie dabei, lassen Sie die Arme seitwärts locker hängen und schwingen Sie sie leicht mit. Sie werden sehen: Ihre Stimmung wird sich rasch wieder heben.

Wir wirken auf die Umwelt und umgekehrt

Ein ganz anderer Aspekt kann einer zentrierten, aufrechten Körperhaltung eine therapeutische Wirkung verleihen: die Wechselwirkung mit unserer Umwelt. Unsere Körperhaltung wirkt auf die Umwelt. Deren Resonanz auf uns wiederum spüren wir und handeln entsprechend – und so weiter. Sowohl eine negative wie eine positive Ausstrahlung verstärkt sich auf diese Weise wechselseitig (siehe dazu auch das Kapitel „Wie Sie auf andere wirken", Seite 105).

Die Resonanz auf Ihre Haltung

Ein Beispiel, das Sie sicher kennen, soll Ihnen diesen Effekt deutlich machen. In jeder Firma sind solche Menschen anzutreffen, die trotz ihrer Qualifikation und Intelligenz keinen vernünftigen Fuß auf den Boden bekommen. Sie nerven jeden, der mit ihnen in Kontakt kommt, und setzen selbst bei den geduldigsten Kollegen ungeahnte Aggressionspotenziale frei. Nicht selten haben solche Menschen schwere Schicksalsschläge hinter sich und scheinen das Unglück nur immer weiter anzuziehen. Tragisch ist, dass sie dies häufig auch tatsächlich tun.

Sie ahnen es bereits: Grund für die negative Resonanz, die solche Kollegen überall auslösen, ist schon ihre Körperhaltung: den Kopf zwischen die Schultern gesteckt, leicht gesenkt und schräg gehalten, ein schleichender Gang, eine leise, devote Stimme immer mit einem „Entschuldigen Sie" oder „Ich wollte nicht stören" auf den Lippen.

Mit ein wenig Fantasie können Sie sich Ihre Reaktion auf diese Körperhaltung vorstellen. Der Kollege muss sich noch mit keinem Ton sachlich geäußert haben, schon fühlen wir uns tatsächlich gestört und reagieren darauf unserem Temperament entsprechend mehr oder weniger brüsk. Ohne etwas „sachlich" falsch gemacht zu haben, hat der Kollege seinerseits schon wieder eine Niederlage eingesteckt. Sein Selbstbewusstsein wird von neuem geschwächt, seine devote Körperhaltung wird umso stärker signalisieren: „Ich bin eigentlich gar nicht da!", „Ich will weg hier!" oder gar „Tu mir nichts!"

Wenn solche Kollegen mit einem Trainer eine aufrechte Körperhaltung üben, kann sich das direkt auf das Verhalten anderer ihnen gegenüber auswirken. Ihr Auftreten wirkt anders und plötzlich kommt eine positive Entwicklung in Gang. Dies gilt natürlich nicht nur für solche „schweren Fälle", es gilt auch für unsere schlechte Laune, mit der wir in eine Verhandlung gehen, für eine depressive Stimmung, in die jeder einmal geraten kann, oder wenn wir uns über ganz andere Dinge ärgern.

Die positive Rückwirkung nutzen

Worin liegt nun aber der behauptete therapeutische Aspekt? – Wer sich in angespannten Situationen „hängen lässt", wie wir so treffend sagen, wird noch weitere Misserfolge erleben. Denn die Umwelt wird negativ reagieren. Lassen Sie sich dagegen nicht hängen, gelingt es Ihnen sich aufrecht zu halten oder gar eine zentrierte Haltung zu bewahren, so werden sie entsprechend positive Signale Ihrer Gesprächspartner ernten, die Ihnen wiederum aus Ihrem Tief heraushelfen können.

■ *Wenn es Ihnen nicht gut geht: Nehmen Sie eine zentrierte, aufrechte Körperhaltung ein und lächeln Sie entspannt. Das wird Sie unterstützen, schneller Lösungen auf Ihre Probleme finden.* ■

Im Einklang mit Ihrem inneren Rhythmus

Wie oft stecken wir im hektischen Alltag fest, wissen nicht mehr, wie wir den Berg Arbeit, der vor uns liegt, bewältigen, den Ansprüchen gerecht werden sollen, die von allen Seiten an uns gestellt werden. In solchen Situationen wünschen wir uns, endlich mal wieder zu uns selbst zu finden. „Ich muss erst einmal wieder zu mir kommen", sagen wir dann und treffen damit den Nagel auf den Kopf. In solchen Situationen haben wir den Kontakt zu unserem inneren Rhythmus und unsere innere Balance verloren, nichts geht mehr „wie von selbst", alles ist mit Anstrengung verbunden.

Solange wir glauben, in unserer täglichen Routine gefangen zu sein, können wir nicht selbstbestimmt agieren, uns also auch nicht aus der Situation befreien. Was tun? Unsere Erfahrungen haben gezeigt, dass das bewusste Fühlen von Puls und Herzschlag hier konkrete Hilfe leisten kann.

Der Puls als Gradmesser

Unser Körper gibt uns häufig Signale, wenn wir etwas tun, was uns gut tut oder schadet, was unserem Wertesystem oder unserer inneren Einstellung entspricht oder widerspricht. Auf solche Signale sollten wir aufmerksamer achten und sie ernst nehmen. Eines der wichtigsten Signale, ob wir in uns im Lot sind, ist unser Puls.

Der Puls ist der beste Gradmesser für Überforderung jeder Art.

Messen Sie einmal Ihren Ruhepuls morgens vor dem Aufstehen. Bei einem gesunden, nicht gestressten Menschen mittleren Alters liegt er bei etwa sechzig Schlägen pro Minute. Natürlich gibt es hier individuelle Unterschiede, die auch altersbedingt sind. Ihr Hausarzt wird Ihnen sicher gerne die für Sie persönlich optimale Pulsfrequenz mitteilen.

Die Vielfalt der Pulsarten

In der tibetischen Medizin spielt der Puls eine zentrale Rolle. Sie unterscheidet 28 klassische Pulsarten, die Anzahl der Pulsschläge pro Minute ist dabei nur ein Kriterium unter vielen. Da sind beispielsweise der oberflächliche Puls, der tiefe Puls, ein feiner Puls, ein großer, ein leerer, ein voller Puls. Andere Unterscheidungskriterien sind schlüpfrig, rau, drahtig, jagend, intermittierend, lang, sanft, überflutend, verschwindend, kraftlos und viele andere. Im Puls anderes zu erfühlen als die Eigenfrequenz ist für uns westlich geprägte Menschen nicht ganz leicht. Wir fühlen unseren Pulsschlag meist nur unter Druck – egal ob zeitlich oder emotional –, weil er dann schneller schlägt und deshalb leichter wahrnehmbar ist.

Finden Sie Ihren Rhythmus

Versuchen Sie einmal Ihren Puls im Körper zu fühlen oder am linken Unterarm zu tasten und seine Qualität differenzierter wahrzunehmen. Ist er regelmäßig? Fühlen Sie ein tiefes oder eher vibrierendes Pulsieren? Denken Sie sich nichts, wenn Sie anfänglich Schwierigkeiten damit haben. Unsere Sinne müssen erst geschärft werden, solche Feinheiten wieder wahrzunehmen. Versuchen Sie es einfach immer wieder. Wenn Sie beginnen, Ihren Puls wieder wahrzunehmen, haben Sie einen wichtigen Schlüssel für Ihre Präsenz und Ausstrahlung zurückgewonnen.

■ *Alle Aktivitäten, die Ihren Puls in ein hektisches Pulsieren führen, sind Zeichen für ein über Ihren momentanen Möglichkeiten liegendes Handeln und wirken deshalb angestrengt und gestresst.* ■

Wenn Sie mit Ihrem Puls in Kontakt sind, sind Sie automatisch mit Ihrem inneren Rhythmus verbunden.

Außerhalb des roten Drehzahlbereichs

Damit wir uns nicht ständig selbst überholen, sollten wir unsere Aufmerksamkeit dafür schärfen, wann und wie wir uns überfordern.

Test: Wo ist Ihre Leistungsgrenze?

Machen Sie einen Spaziergang. Tasten Sie vor dem Losgehen mit Zeige-, Mittel- und Ringfinger der linken Hand Ihren Puls am Unterarm knapp oberhalb des rechten Handgelenks. Wenn Sie Ihren Puls ertastet haben, gehen Sie ganz langsam etwa zehn ruhige Schritte. Steigern Sie dann Ihr Gehtempo unvermittelt auf das Doppelte für zehn weitere Schritte. Danach lassen Sie wieder zehn ruhige und darauf wieder zehn schnelle Schritte folgen.

Wiederholen Sie diese Sequenz, so oft Sie wollen. Doch bitte nicht bis zur Atemnot! Lernen Sie mit dieser Übung *den* Punkt zu fühlen, wo Sie Ihre Leistungsgrenzen überschreiten oder bereits überschritten haben. Nähern Sie sich *dem* Punkt, an dem Sie plötzlich wesentlich mehr Energieaufwand einsetzen müssen, um die Bewegungssequenz regelmäßig und im jeweils gleichen Tempo aufrechtzuerhalten, Schritt für Schritt an. Dieser Punkt steht für Ihre momentane Leistungsgrenze, für das durch Ihre körperliche Konstitution definierte Limit Ihrer Leistungsfähigkeit und Belastbarkeit.

Die Wahrnehmung dieses Punktes hilft Ihnen gerade im Alltag und bei Routinetätigkeiten. Dieses sehr einfache Verfahren garantiert Ihnen, sich nicht ständig im roten Drehzahlbereich zu bewegen.

Lassen Sie Ihr Herz sprechen

Das ist ganz wörtlich gemeint. Dem mit der gerade beschriebenen Übung entwickeln Sie ein Gefühl für Ihren Herzschlag. Mit zunehmender Praxis werden Sie Ihren Herzschlag selbst im Zustand der Ruhe wahrnehmen und fühlen können auch ohne „Hand aufs Herz".

Die Charakteristika Ihres Herzschlags geben Aufschluss über Ihre innere Befindlichkeit: Mit einem tiefen, kräftigen, ruhig und harmonisch pulsierenden Herzschlag strahlen Sie auf andere Menschen innere Ruhe, Kraft und Harmonie aus: „Ich stehe voll im Leben und auf dem Boden der Tatsachen."

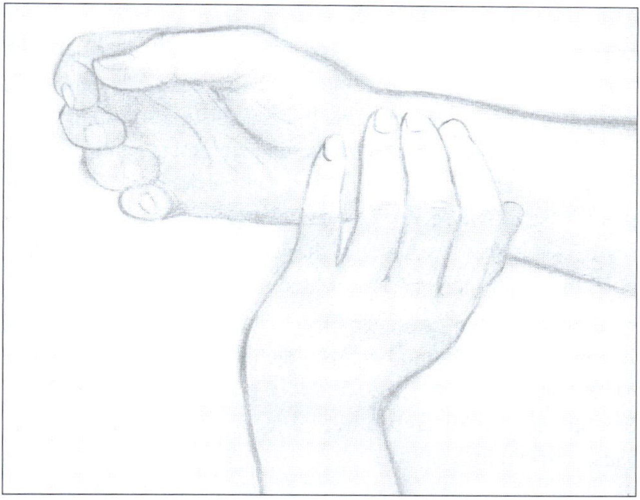

Sie sollten immer wieder üben, in *jeder* Alltagssituation Ihren Herzschlag zu fühlen. So stählen Sie im Übrigen auch Ihre allgemeine Konstitution. Und: Die Bewusstheit für Ihren inneren Rhythmus lässt Sie an Ausstrahlung gewinnen. Vor allem zu Beginn wird es Ihnen helfen, dabei eine Handfläche unterhalb, die andere oberhalb des Nabels auf den Bauch zu legen. Tun Sie dies so, dass sich die Mittellinien Ihrer Handflächen mit der Mittellinie Ihres Körpers decken.

■ *Schon nach wenigen Wochen der passiv fühlenden Betrachtung Ihres Pulsschlags werden Sie feststellen, dass sich seine Qualität verbessert. Das ist das effektivste und kostengünstigste Investment zum Aufbau von Gelassenheit, natürlicher Souveränität und innerer Kraft.* ■

Vorsicht vor zu viel Kaffee

Dass Koffein ein Aufputschmittel ist, wissen wir alle. Dennoch trinken wir gerade im Büroalltag Kaffee in großen Mengen, so als wäre es ein beliebiges Getränk. In den meisten Büros ist Kaffee stets vorhanden, andere Getränke dagegen muss man mühsam besorgen. Wer zu viel Kaffee trinkt, sollte jedoch seinen Kaffeekonsum schrittweise verringern. Denn Nervosität und eine erhöhte Herzfrequenz schaden nicht nur Ihrer Gesundheit, sondern auch Ihrer natürlichen Ausstrahlung.

Und noch ein wesentlicher Punkt: Kaffeekonsum erhöht die Harnausscheidung und hemmt gleichzeitig die Aufnahme von Mineralstoffen. Um Wassermangel und Dehydration vorzubeugen, sollten Sie unbedingt zu jeder Tasse Kaffee ein Glas Wasser trinken!

■ *Tipp: Vermeiden Sie es, eine halbe Stunde bis eine Stunde vor einer wichtigen Besprechung oder Verhandlung Kaffee zu trinken. Das erhöht Ihre Nervosität und schwächt Ihre Präsenz!* ■

Übungen: Puls und Herzschlag

Übung: Innerer Rhythmus

Diese Übung verhilft Ihnen – selbst in Momenten höchster emotionaler Anspannung – schnell und unkompliziert zu einer balancierten und entspannten Haltung voller Energie zurückzufinden. Wiederholen Sie diese Übung oder Teile daraus mit offenen und geschlossenen Augen immer wieder für sich. Schon nach vier Wochen wird sich dadurch Ihre Selbstwahrnehmung, die Wahrnehmung Ihrer Möglichkeiten und Grenzen sowie die Aufmerksamkeit anderen gegenüber in alltäglichen Situationen deutlich erweitern.

1 Legen Sie sich auf den Boden. Legen Sie die Arme entspannt neben Ihren Körper und schließen Sie die Augen. Lassen Sie Ihren Atem ruhig fließen. Fühlen Sie Ihren Atem ein- und ausströmen.

2 Machen Sie sich klar, dass Ihr Atem ganz selbstverständlich, ohne bewusst gesteuerte, willentliche Anstrengung strömt. Ihr Atem fließt entsprechend Ihres inneren Rhythmus. Je länger Sie Ihren Atem ruhig strömen lassen, desto mehr Anspannung löst sich aus Ihrem Körper, desto entspannter werden Sie sich fühlen.

3 Wenn Ihr Atem entspannt fließt, legen Sie eine Hand unterhalb und die andere oberhalb Ihres Nabels auf die senkrecht gedachte Mittellinie Ihres Körpers. Die Mittel-

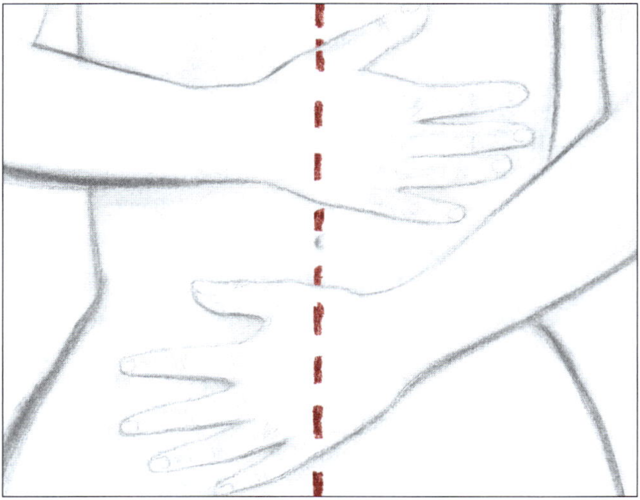

linien der Handflächen decken sich dabei mit der Mittellinie Ihres Körpers. Ihre Ellbogen ruhen nach wie vor auf dem Boden. Sollten Sie Ihre Ellbogen anheben müssen, legen Sie nur die Fingerspitzen auf die Mittellinie Ihres Körpers.

4 Fühlen Sie nun, wie Ihr Atem mehr und mehr ins Zentrum Ihrer Handflächen oder in die Fingerspitzen fließt. Versuchen Sie aus einer gewissen Distanz heraus zu betrachten, wie Ihr Atem dorthin strömt, wo Sie Ihren Körper berühren.

5 Nach einiger Zeit wird sich Ihr Herzschlag in Ihren Händen, Fingerspitzen oder anderswo im Körper bemerkbar machen. Ruhen Sie so lange in dieser Position, bis Sie Ihren Atem und/oder Ihren Herzschlag deutlich wahrnehmen.

6 Legen Sie Ihre Arme dann ganz langsam wieder neben Ihren Körper zurück, ohne den Kontakt zu Ihrem Atem und Herzschlag zu verlieren. Achten Sie darauf, dass Ihre Schulter-, Oberarm- und Unterarmmuskulatur nach dem Ablegen der Arme entspannt bleibt, das Gewicht Ihrer Arme voll auf dem Boden ruht und nicht durch eine wie auch immer geartete Muskelaktivität gehalten wird. Ihre Ellbogen müssten leicht angewinkelt auf dem Boden aufliegen.

7 Heben Sie Ihre Arme nun gleichzeitig in Zeitlupentempo *soweit* an, bis es plötzlich leichter geht. Bei den meisten Menschen stehen die Arme dann in einem 15-Grad-Winkel vom Boden, also gar nicht weit, ab. An diesem Punkt werden besonders die seitlichen Oberarmmuskeln beansprucht.

8 Halten Sie Ihre Arme etwa drei Sekunden in dieser Position. Lassen Sie die Arme dann unvermittelt auf den Boden fallen, ohne diese Bewegung mit Muskelkraft zu unterstützen oder zu führen. Ihr Atem sollte dabei weiter ruhig und ohne Anstrengung fließen.

9 Genießen Sie es zu spüren, wie das Blut in die Adern strömt und wie intensiv Sie nun das Gewicht Ihrer Arme wahrnehmen können. Fühlen oder hören Sie Ihren Atem, bleiben Sie in Kontakt mit Ihrem Herzschlag und wiederholen Sie die gesamte Bewegungssequenz (Anheben – Halten – Fallen-Lassen – Entspannen) so oft Sie dazu Lust haben, mindestens jedoch zweimal.

Übung: Puls und Atmung

1 Atmen Sie im Sitzen viermal tief ein und aus. Achten Sie darauf, dass Sie vollständig ausatmen. Tasten Sie mit Ihrem rechten Zeige- und Mittelfinger den Puls Ihrer linken Hand. Legen Sie nach den ersten vier Atemzügen mindestens zehn, höchstens zwölf Sekunden Pause ein. Atmen Sie ruhig weiter.

2 Wiederholen Sie diese Übung ein-, zwei- oder dreimal. Steigern Sie nach und nach die Atemgeschwindigkeit. Achten Sie dabei stets auf Ihren Atem, damit Sie immer gleich tief, also bis zum Grund Ihres Beckenbodens, einatmen. Sie werden feststellen, dass sich Ihr Puls beschleunigt. Führen Sie diese Übung mit offenen Augen durch. Wenn Sie das Gefühl haben, Ihr Puls schlägt zu schnell, haben Sie zu schnell, vielleicht auch zu hektisch geatmet, auf jeden Fall nicht ruhig und entspannt genug.

■ *Überfordern Sie sich nicht. Keine noch so effektiven Übungen sind von Erfolg gekrönt, wenn Sie Ihren Körper chronisch überreizen! Erweitern Sie deshalb Ihre Leistungsgrenzen entsprechend Ihrer Pulsqualität, langsam und angemessen. Vermeiden Sie es, Ihren Puls künstlich „hochzupushen". Damit verlieren Sie sehr schnell Ihre Balance.* ■

Übung: Puls und Herz

Bei dieser Pulsübung wird Ihnen auffallen, dass Ihr Pulsschlag zu Ihrem Herzschlag zeitlich versetzt ist. Das ist nicht weiter verwunderlich, denn der Pulsschlag folgt dem Herzschlag.

Mit dieser Übung können Sie sehr gut im Liegen beginnen.

1. Schließen Sie die Augen und fühlen Sie Ihren Puls. Versuchen Sie ihm bis zum Herzen zu folgen. Fühlen Sie, mit welcher Kraft Ihr Herzmuskel schlägt.
2. Atmen Sie abwechselnd schneller und ruhiger. Lenken Sie Ihre Aufmerksamkeit auf den Herzschlag. Fühlen Sie, wie Ihr Herz seinen Rhythmus nach der Atmung richtet: Atmen Sie schneller, schlägt es schneller; atmen Sie langsamer, wird der Herzschlag ruhiger.

Ihr Pulsschlag gibt Auskunft über die Konstitution Ihres Herzens. Vor allem, ob es frei und harmonisch schlagen kann. Eingeschränkt werden kann es durch eine zu hohe Grundspannung im Körper oder durch nicht gelöste oder zurückgehaltene Emotionen, die in Ihnen festsitzen.

■ *Gönnen Sie sich ruhige Minuten, in denen Sie sich erlauben, Ihr Herz zu fühlen. Notieren Sie sich die Gedanken und Gefühle, die Ihnen schon bei dieser und den vorherigen Übungen in den Sinn kommen. Das sind genau die Emotionen, die Ihnen „auf dem Herzen liegen". Lassen Sie sie nach oben kommen, das befreit Sie von innerer Spannung.* ■

Akute Hilfe bei Überforderung

Was können Sie tun, wenn Sie mitten im Berufsalltag in eine Situation geraten, die Sie schlicht überfordert?

Beispiel

Sie haben eine schwere Auseinandersetzung mit Kollegen, bei der man Sie anschreit. Sie werden unter einem Berg Akten begraben und sollen dann noch eine Zusatzaufgabe unter höchstem Zeitdruck übernehmen. Sie stecken in einer Konfliktsituation, aus der Sie nur als Verlierer herauskommen können, egal wie Sie sich entscheiden.

Sie können sich in solchen Situationen nicht einfach auf den Boden legen und entspannen oder Ihre Hand auf den Bauch legen. Um Sie herum arbeiten Ihre Kollegen oder andere sitzen mit Ihnen am Besprechungstisch. Akute Hilfe aber ist angesagt.

In solchen Situationen können Sie Folgendes tun:

- Setzen Sie sich nicht unter Druck, indem Sie versuchen, Ihre Hektik zu unterdrücken – so werden Sie nur noch hektischer und aufgeregter. Fühlen Sie entgegen möglicher sonstiger Gewohnheiten die Nervosität Ihres Pulsschlags. So ist er eben im Moment. Werten Sie dies nicht und schon gar nicht negativ. Allein das wird Ihnen schon eine erste spürbare Erleichterung bringen.
- Versuchen Sie Ihren Pulsschlag zu fühlen (ohne ihn ertasten zu müssen). Dadurch wird sich automatisch Ihre Atmung beruhigen, und harmonischer und tiefer werden. So gewinnen Sie an Präsenz, Ausdrucksstärke und Klarheit und können wieder freier agieren.

- Erinnern Sie sich, wenn Sie schon ein wenig mit diesem Buch gearbeitet haben, an Ihre innere Balance, egal, ob Sie gerade stehen oder sitzen (wenn möglich ist es hilfreich, eine Hand unter den Nabel zu legen). Das wird Sie sofort stabilisieren, weil die durch die innere Balance bereits gewonnene Kraft und Präsenz aus dem Zustand der Ruhe in Ihre aktuelle Situation übertragen wird. Sie rufen die Erfahrung aus dem Ruhezustand sozusagen direkt ab, der Körper erinnert sich an das Gefühl und lernt, es auch in hektischen Situationen zu re-integrieren.

Üben Sie regelmäßig

Diese letzte Methode wird nicht von Anfang an funktionieren. Doch wenn Sie nur vier bis sechs Wochen lang drei Minuten täglich im Ruhezustand üben, werden Sie gerade in Stress-Situationen erfolgreich mit ihr arbeiten können. Nach einiger Praxis wird es Ihnen genügen, wenn Sie sich nur vorstellen, es läge eine Hand unter Ihrem Nabel.

Sie sehen: Es ist nicht nötig, sich an Hunderte von Details zu erinnern. Richten Sie ab und an Ihre Aufmerksamkeit für kurze Zeit auf Ihre Atmung, Ihren Puls und Herzschlag.

Souverän sitzen und stehen

Im Gespräch sitzen oder stehen wir zuallermeist. Die Art, wie wir das tun, sagt viel über uns oder unsere momentane Befindlichkeit aus. Wir verraten dadurch, ob wir für unseren Gesprächspartner Sympathie oder Abneigung empfinden.

Wie Sie im Sitzen Haltung zeigen

Die wichtige geschäftliche Kommunikation verläuft meist im Sitzen. Ob es das Vorstellungsgespräch ist, ein Meeting im Kollegenkreis oder eine Verhandlung mit einem Geschäftspartner: Auch im Sitzen sollten wir eine souveräne und vertrauensvolle Ausstrahlung haben.

Eine zentrierte Haltung ist auch im Sitzen „das A und O" einer positiven Ausstrahlung. Sie finden ab Seite 45 Übungen, die Ihnen zu einer aufrechten und entspannten Haltung im Sitzen verhelfen. Doch gibt es weitere Signale, die wir durch bestimmte Positionen und Posen aussenden. Diese non-verbalen Signale zu kennen, hilft Ihnen die Wirkung Ihrer Kollegen und Gesprächspartner – auch auf Sie selbst – besser zu verstehen. Es lohnt sich also, sich damit ein wenig mehr einiger dieser Signale zu befassen.

Die Sprache der Beine und Füße

Wahrscheinlich haben Sie es schon erlebt: Sie sitzen mit jemandem im Gespräch, haben aber das Gefühl, Sie kommen an den anderen nicht heran. Obwohl er sich Ihnen zuwendet, haben Sie den Eindruck, er möchte wieder weg. Wahrscheinlich trügt Sie dieser Eindruck auch gar nicht denn Sie nehmen unbewusst wahr, dass Ihr Gesprächspartner Beine und Füße von Ihnen weg gerichtet hat. Eine solche Bein- und Fußhaltung interpretieren wir, ohne uns dessen bewusst zu sein, als Fluchtbewegung. Beobachten Sie zum Beispiel einmal flirtende Menschen auf einer Party: Die Füße weisen dabei stets in Richtung des Flirtpartners.

Was die Sitzposition aussagt

Die Art, wie jemand auf dem Stuhl sitzt, kann Ihnen Hinweise auf die wahren, oftmals verborgenen Gefühle oder die innere Haltung Ihres Gegenübers geben. In Verhandlungen kann es hilfreich sein wahrzunehmen, ob Ihr Gesprächspartner den Oberkörper auf Sie zu- oder von Ihnen wegbewegt und damit spontane Zustimmung oder Ablehnung signalisiert. Wenn Sie auf solche Signale reagieren, lässt sich so manches Missverständnis oder unangemessene Verhalten vermeiden.

Nicht zuletzt gibt aber, neben allen Anzeichen aus Körpersprache und verbalem Ausdruck, vor allem die Ausstrahlung Ihres Gegenübers Aufschluss über dessen wahre Absichten, die nur intuitiv erfasst werden kann. Versuchen Sie daher nicht von einer bestimmten Geste auf eine bestimmte innere Haltung zu schließen. So bedeutet der Griff an die Nase zum Beispiel nicht immer, dass dieser Mensch gerade einen Gegenstand oder ein Gegenüber kritisch betrachtet.

Zentriert sitzen

Wie können Sie in jeder Situation eine souveräne Sitzhaltung bewahren? In den folgenden Übungen trainieren wir genau das. Dabei kommt es auf einen gut geerdeten Stand der Füße an und darauf, dass Ihr Oberkörper, Hals und Kopf im Gleichgewicht bleiben. Eine zentrale Rolle spielen dabei Ihre Sitzhöcker. (Das sind die Knochen am unteren Rand Ihrer Pobacken, die Sie spüren können, wenn Sie sich auf Ihre Hände setzen.)

Wichtig ist nicht, verschiedene Positionen einzustudieren, die dies oder jenes ausdrücken sollen, wichtig ist vielmehr, dass Sie ein klares Gespür für eine balancierte Sitzhaltung entwickeln. Aus diesem natürlichen Gefühl heraus werden Sie in den verschiedensten Situationen automatisch zentriert sitzen, ohne darüber nachdenken zu müssen.

Was ist eine zentrierte Haltung?

Eine zentrierte Haltung erlaubt uns, mit einem absoluten Minimum an Muskelaufwand aufrecht zu sitzen, zu stehen und zu gehen. Dies ist dann der Fall, wenn unser Körper um seinen inneren Massenschwerpunkt herum im Gleichgewicht ist. Dies klingt zunächst selbstverständlich, doch denken Sie nur an Menschen, deren Kopf wie bei einer Giraffe übertrieben weit nach vorne gestreckt ist. Zumindest der Kopf ist dann nicht im Gleichgewicht und muss von der Nacken- und Schultermuskulatur gehalten werden. Andernfalls würde er nämlich auf dem Brustbein aufschlagen. Genau um das Einsparen solcher überflüssigen Anstrengungen geht es.

Eine zentrierte Haltung zu haben bedeutet, dass unser gesamter Körper in jeder Lebenslage um seinen Schwerpunkt herum im Gleichgewicht ist (mit minimalstem Kraftaufwand in Balance).

Wie erreiche ich eine zentrierte Haltung?

Ob wir zentriert ausgerichtet sind, meldet uns unser Gleichgewichtssinn; genauer gesagt, die in unseren Innenohren liegenden Gleichgewichtsorgane. Aus Erfahrungen nach Karussellfahrten wissen wir zum Beispiel, dass sich ein Schwindelgefühl nicht per Knopfdruck einfach so abstellen lässt. Unsere Gleichgewichtsorgane brauchen nach einer unnatürlichen Bewegung Zeit, sich wieder auszubalancieren. Warum also nicht diese Fähigkeit nutzen, um unser Gleichgewicht in unserer Haltung zu finden?

Test: Anspannung und Gleichgewicht

Machen Sie folgenden Test: Setzen Sie sich auf die Vorderkante eines Stuhls und schließen Sie die Augen. Lassen Sie Ihre Arme locker neben Ihrem Körper hängen. Bewegen Sie nun langsam Ihren Oberkörper nach vorne. Achten Sie darauf, dass Sie die natürliche Spannung Ihrer Rückenmuskulatur beim aufrechten Sitzen während der Bewegung nach vorne nicht erhöhen. Sie werden feststellen, dass Sie an einem bestimmten Punkt nach vorne wegkippen, wenn Sie die Spannung Ihrer Schultermuskulatur nicht erhöhen. Mit anderen Worten: Sie fühlen genau, wann Sie Ihr Gleichgewicht verlieren. Der sicherste Indikator hierfür ist immer eine überproportionale Zunahme an Spannung in Muskelgruppen, die Haltungsfunktionen übernehmen.

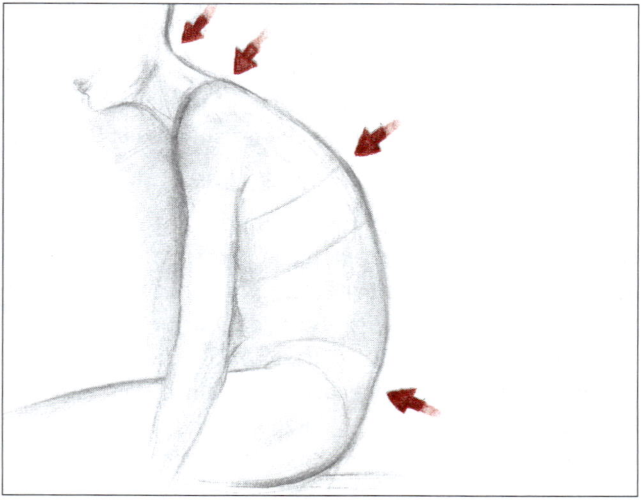

Geschlossene Augen verstärken die Wahrnehmung unserer Gleichgewichtsorgane. Es bedarf einiger Übung, die mit geschlossenen Augen erfahrenen Effekte in gleicher Deutlichkeit mit offenen Augen zu spüren.

Vorsicht: Leistungsdruck

Eine zentrierte, also balancierte Haltung um den eigenen Schwerpunkt herum – egal ob im Sitzen, Stehen oder Gehen – lässt Sie ganz automatisch souverän wirken, ohne dass Sie sich über jeden Bewegungsablauf Gedanken machen müssten. Doch Vorsicht: Versuchen Sie nicht, um jeden Preis Zentriertheit zu erlangen. Zentriertheit ist kein Ziel, das unter Leistungsdruck erreicht werden könnte, es ist Teil des Lebens, ein Reifeprozess, den wir in aller Ruhe angehen können. Vertrauen Sie Ihrem Körper und lassen Sie die Übungen aus diesem Buch auf sich wirken – damit haben Sie vorerst genug getan.

Übungen: Aufrecht und zentriert sitzen

Mit den folgenden Übungen können Sie dieses natürliche Gefühl für eine balancierte Sitzhaltung entwickeln. Damit erreichen Sie mehr Präsenz.

Übung: Schwere Beine

Teilen Sie die Sitzfläche Ihres Stuhls gedanklich in drei Teile. Wahrscheinlich sitzen Sie gerade auf dem hinteren Drittel Ihres Stuhls und Ihr Gesäß ist zwischen Sitzfläche und Stuhllehne nahezu eingeklemmt.

1 Rutschen Sie mit Ihrem Gesäß auf das vordere Drittel der Sitzfläche. Machen Sie es sich hier gemütlich. Rutschen Sie ein wenig hin und her. Verlagern Sie Ihr Körpergewicht von einer Pobacke auf die andere und stellen Sie Ihre Füße parallel zueinander auf den Boden, etwa hüftbreit voneinander entfernt.

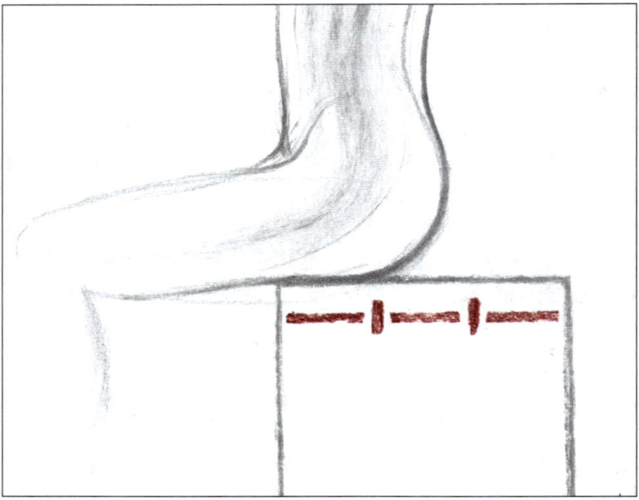

2 Lassen Sie Ihre Arme hängen und richten Sie Ihren Oberkörper auf. Beginnen Sie damit im unteren Rücken und setzen Sie die Bewegung nach oben bis in die Halswirbel hinein fort.

3 Legen Sie Ihre Handflächen etwa eine Handbreit von den Knien entfernt auf Ihre Oberschenkel. Spannen Sie Ihre

Oberschenkelmuskulatur in beiden Beinen gleichzeitig drei Sekunden lang an. Spüren Sie die Anspannung unter Ihren Handflächen. Lassen Sie Ihre Hände danach einfach auf den Oberschenkeln ruhen.

4 Heben Sie nach etwa fünf Sekunden Pause Ihr rechtes Bein gerade soweit an, dass es den Boden nicht mehr berührt, und fühlen Sie, wie sehr sich Ihr Oberschenkelmuskel anspannen muss, um das Bein zu heben. Halten Sie es zwei Sekunden angehoben und stellen Sie es langsam wieder auf den Boden. Heben Sie nun Ihr linkes Bein an und fühlen Sie auch hier die Anstrengung Ihrer Oberschenkelmuskulatur. Fühlen Sie, wie schwer Ihre Beine sind.

5 Umfassen Sie nach etwa sieben Sekunden Pause mit beiden Händen den Oberschenkel Ihres rechten Beins und heben Sie es an, ohne Ihre Oberschenkelmuskulatur zu aktivieren. Achten Sie darauf, dass Sie dabei Ihren Oberkörper nicht nach vorne beugen. Lassen Sie Ihr rechtes Bein nach etwa drei Sekunden unvermittelt, ohne jede Muskelanspannung der Beine auf den Boden fallen.

6 Wiederholen Sie das Gleiche nun mit Ihrem linken Bein. Lassen Sie Ihre Füße genau auf dem Platz ruhen, auf dem sie aufgetroffen sind. Vielleicht können Sie fühlen, wie die Fußsohlen zu kribbeln oder pulsieren beginnen. Lassen Sie anschließend Ihre Arme locker neben dem Körper hängen.

Mit dieser Übung haben Sie eine gute Basis für eine zentrierte Sitzhaltung geschaffen: Ihre Beine ruhen jetzt zentriert auf dem Boden.

Übung: „Pobacken-Ballett“

Sie sitzen in der gleichen Haltung wie in der vorigen Übung. Schließen Sie während der gesamten Übung Ihre Augen.

1 Verlagern Sie Ihr gesamtes Körpergewicht auf die linke Pobacke, so dass sich Ihre rechte anhebt. Ihre Arme hängen seitlich nach unten. Achten Sie darauf, dass Ihre Fußsohlen während dieser einseitigen Gewichtsverlagerung am Boden bleiben.

2 Ertasten Sie nun mit den gefassten Fingerkuppen der rechten Hand am unteren Rand der Pobacke Ihr rechtes Sitzbein, auch Sitzhöcker genannt. Vor allem bei schlankeren Menschen ragt das Sitzbein deutlich hervor.

3 Drücken Sie mit Ihren Fingerkuppen leicht auf die Sitzbeinspitze, lassen Sie dann den Druck wieder nach, ohne die Finger von der Stelle zu lösen. Streichen Sie anschließend langsam und sanft mit den Fingerkuppen nach oben bis an den oberen Rand Ihres Beckens.

4 Führen Sie nun Ihren rechten Arm seitlich nach unten. Versuchen Sie gleichzeitig Ihr gesamtes Körpergewicht auf die Spitze des eben berührten Sitzbeines zu zentrieren. Dadurch hebt sich Ihre linke Pobacke an.

5 Wiederholen Sie die Übung nun mit der linken Hand und dem linken Sitzbein. Der einzige Unterschied ist, dass Sie am Ende der Übung Ihr Körpergewicht gleichmäßig auf beide Sitzhöcker verteilen. Dies gelingt Ihnen am einfachsten, indem Sie zwei- oder dreimal leicht hin- und

herpendeln, ohne dass Sie dazu das Gesäß anheben müssen. Ihre Augen bleiben geschlossen, Ihre Fußsohlen am Boden, Ihre Arme hängen.

Das bewusste Sitzen auf den Sitzhöckern ist für jede Sitzhaltung wichtig. Gleichgültig, ob Sie zum Arbeiten oder Essen weiter vorne auf einem Stuhl sitzen oder bei einem Vorstellungsgespräch oder einer Verhandlung eher die gesamte Sitzfläche eines Sessels einnehmen.

■ *Am Anfang wird es Ihnen helfen, ab und zu mit den Händen nach den Sitzhöckern zu tasten und sich wieder bewusst auf die Sitzhöcker zu setzen, bis Sie von selbst spüren, dass Sie zentriert sitzen.* ■

Übung: Beckenrollübung

Sie sitzen auf einem Stuhl. Ihr Gewicht ruht auf den Sitzhöckern. Richten Sie nun Ihre Aufmerksamkeit auf den Bereich Ihrer Lendenwirbelsäule. Schließen Sie die Augen.

1. Gehen Sie bewusst in eine Hohlkreuzhaltung. Rollen Sie dann Ihre Lendenwirbelsäule in Zeitlupe in die entgegengesetzte Haltung und krümmen Sie den Lendenwirbelsäulenbereich so weit wie möglich nach hinten.
2. Fühlen Sie nun, indem Sie ganz langsam millimeterweise Ihre Position von einer extremen Hohlkreuzhaltung in eine extrem nach hinten verschobene Haltung variieren, wann Ihre Lendenwirbelsäule zentriert ist.

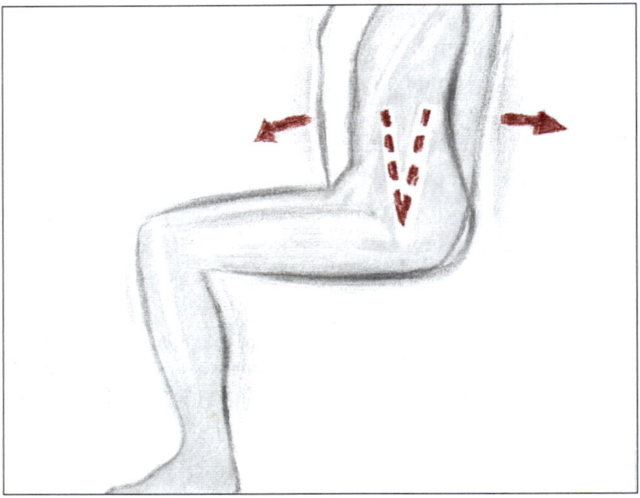

3 Genießen Sie das Spiel Ihrer Lendenwirbelsäule um Ihr inneres zentrales Lot herum. Bewegen Sie sich langsam, fast im Zeitlupentempo, abwechselnd nach vorne und hinten.

So wie Sie vorher beim „Pobacken-Ballett" Ihren Körper horizontal (rechts-links) ausbalanciert haben, balancieren Sie ihn mit der Beckenrollübung in vertikaler Richtung (vor-zurück) aus. Damit haben Sie die wichtigste Grundlage für eine balancierte Sitzhaltung geschaffen.

■ *Verstärken können Sie dieses Bewusstsein durch die Vorstellung, dass Ihre beiden Sitzhöcker zusammen mit Ihrem Steißbein ein Dreibein bilden, auf dem Ihr Körper im Sitzen stabil ruht.* ■

Übung: Sitzen und entspannen

Haben Sie Ihre balancierte Sitzhaltung erreicht, können Sie nun die bereits beschriebene Atemübung zum inneren Rhythmus (siehe Seite 34) statt im Liegen im Sitzen machen.

1. Legen Sie dazu die Hände oberhalb und unterhalb des Bauchnabels auf die Mittellinie Ihres Körpers. Fühlen Sie, wie sich Ihr Bauch leicht hebt und senkt und wie der Atem in die Mittelpunkte der Handinnenflächen strömt. Warten Sie, bis Ihr Atem in gleichmäßigen Zügen fließt.
2. Sobald Sie die Balance Ihres Atems fühlen, führen Sie Ihre Arme seitlich nach unten, ohne dabei die Aufmerksamkeit für Ihren Atem zu verlieren. Sie haben weiterhin das Gefühl, als würden Ihre Hände auf der Mittellinie Ihres Körpers liegen.
3. Versuchen Sie sich nun bei jedem Ausatmen vorzustellen, die ausströmende Luft würde mehr und mehr zu Ihren Fußsohlen hinströmen: Ihr Atem strömt durch das Becken, die Leisten, Ober- und Unterschenkel bis zu den Fußsohlen und von dort in den Boden.
4. Bleiben Sie etwa fünf Minuten in dieser Haltung.

■ *Diese Übung können Sie auch im Büro machen. Besonders in Stresssituationen kann sie Ihnen helfen, rasch wieder in ruhigere Bahnen zu kommen.* ■

Stehen Sie fest auf dem Boden

„Auf den Standpunkt" kommt es an, sagen wir im Deutschen, oder: „Der hat völlig den Boden unter den Füßen verloren."

Ausdrücke, die viel über die symbolische Bedeutung des Stehens verraten und auch darüber, wie stark wir unbewusst darauf reagieren, wie unser Gesprächspartner vor uns steht. Sind seine „Standpunkte" geerdet? Sind sie im Boden verankert? Ist er in seinem „Standpunkt" beweglich oder starr?

Stehen Sie mit innerer Balance?

Es gibt zahllose Haltungsmerkmale, die darauf hinweisen, dass jemand außer Balance geraten ist:

- schief gehaltene, abfallende oder nach vorne eingefallene Schultern,
- angestrengt durchgedrückte Knie,
- ständiger Wechsel von Stand- und Spielbein,
- Beckenschiefstand,
- Hohlkreuz,
- eine schiefe Kopfhaltung.

All diese Merkmale nehmen wir in der Regel zwar nur unbewusst wahr, doch es reicht aus, um auf nicht rationaler Ebene klar zu spüren, ob jemand auf dem Boden der Tatsachen steht oder nicht. Wird auch noch versucht, diesen „unbalancierten" und selbst unbewusst als unsicher wahrgenommenen Stand mit Verlegenheitsposen (Hände in den Hosentaschen verborgen, Spielen mit den Händen u. Ä.) abzustützen, verstärkt sich der Eindruck, den andere auf den ersten Blick bereits gewonnen haben.

Wir spüren, dass mit solchen Mitteln ein vages Unwohlsein ausgeglichen und verschleiert werden soll. Auf den Gesprächspartner überträgt sich das als Gefühl von Unsicherheit, denn solche Verlegenheitsgesten lenken seine Aufmerksamkeit vom Wesentlichen ab.

So stehen Sie zentriert

Die Haltung des Kopfs beeinflusst ganz wesentlich unsere Haltung im Stehen. Der Kopf kann bei nicht zentrierter Haltung mit einem Eigengewicht zwischen 6,5 bis 10 kg den ganzen Oberkörper nach vorne ziehen und für erhöhte Muskelspannungen bis in die Fersen sorgen. Umgekehrt beeinflusst die zentrierte Ausrichtung der Lendenwirbelsäule die Ausrichtung des Kopfs und damit die Position der Brust- und Halswirbelsäule.

Bei einer zentrierten Stehhaltung stehen die Beine etwa hüftbreit auseinander und die Fußspitzen nach vorne. Der Oberkörper ist aufgerichtet, die Kopfhaltung ist aufrecht. Letzteres erreichen Sie am besten, wenn Sie sich vorstellen, jemand zöge Sie an Ihrem Scheitel – der obersten Stelle des Kopfs – leicht nach oben. Lassen Sie die Schultern fallen und die Arme locker an den Seiten hängen. Die Knie sind leicht gebeugt.

Im Folgenden stellen wir Ihnen eine Übungssequenz zum zentrierten Stehen vor.

Übungen: Zentriertes Stehen

Die folgenden Übungen werden nicht mehr als drei Minuten in Anspruch nehmen. Sie unterstützen eine aufrechte, entspannte Körperhaltung. Praktizieren Sie diese Übungen als Sequenz so oft Sie wollen oder greifen Sie sich einzelne Übungen heraus.

Übung: In die aufrechte Haltung kommen

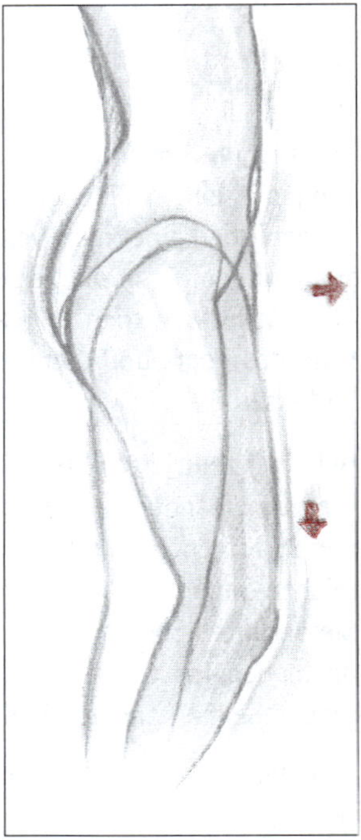

1 Stellen Sie sich fest auf den Boden, die Füße etwa hüftbreit auseinander – am besten barfuß. Spüren Sie bewusst den Boden unter den Füßen. Halten Sie Oberkörper und Kopf aufrecht. Die Arme hängen locker neben dem Körper.

2 Bewegen Sie sich nun langsam in den Knien auf und ab. Sie werden feststellen, dass Ihr Becken bei durchgedrückten Knien nach vorne kippt und Ihr Gesäß sich nach hinten bewegt. So gelangen Sie in eine Hohlkreuzhaltung, die vor allem in den unteren Lendenwirbelbereichen eine erhöhte Anspannung bis hin zur Verkrampfung der für diesen Bereich verantwortlichen Muskulatur bewirkt. Gehen Sie leicht in die Knie, passiert das Gegenteil: Ihr Becken kippt nach hinten und der untere Lendenwirbelbereich „fällt" entspannt nach unten.

3 Versuchen Sie nun zu erspüren, wann Sie eine balancierte Haltung erreicht haben. Sie werden feststellen, dass Sie eine entspannte Position nur dann einnehmen können, wenn Ihre Knie leicht gebeugt sind.

4 Streichen Sie mit Ihren Händen von den Seitenlinien Ihres Beckens in Richtung der Leistenansätze. Ihre Finger zeigen nach wie vor zum Boden. Fühlen Sie nun mit den Handwurzeln die Leistenlinien.

5 Tun Sie so, als würden Sie mit Ihren Händen etwas nach unten abstreifen, so dass Sie die Aktivitäten Ihrer Oberschenkelmuskulatur fühlen können, und strecken und beugen Sie gleichzeitig in langsamer Auf-und-Ab-Bewegung die Knie.

6 Wenn Sie diese Übung langsam durchführen und dabei aufmerksam Ihren Körper beobachten, werden Sie nach wenigen Übungsminuten das Gefühl haben, dass Ihre Beine, genauer gesagt Ihre Oberschenkel, in eine gelockerte Position geradezu „einrasten“. Dies ist ein sehr entspannender Moment. Sie erkennen, dass Sie Ihren Körper nicht „halten“ müssen, solange er sich in Balance befindet.

7 Nehmen Sie nun die Hände von den Oberschenkeln und lassen Sie Ihre Arme frei hängen. Lassen Sie Ihren Körper auspendeln, indem Sie ihn minimal hin- und herwiegen.

Übung: Beweglicher Oberkörper

Nachdem Sie Beine und Becken, also auch den Lendenwirbelsäulenbereich balanciert ausgerichtet haben, geht es nun darum, die Brustwirbelsäule und den Brustkorb aufzurichten.

1 Nehmen Sie die gerade geübte zentrierte Stehhaltung ein.

2 Bewegen Sie den Bereich über Ihrem Brustbein bis zur Halswirbelsäule nach vorne. Das ist nur eine kleine Bewegung.

3 Gehen Sie anschließend in die Überstreckung in die entgegengesetzte Richtung nach hinten. Lassen Sie diese Bewegungen immer kleiner werden, bis Sie Ihre ausbalancierte Haltung gefunden haben.

Übung: Den Kopf bewegen

Auch die Haltung Ihres Kopfes beeinflusst Ihre Haltung im Stehen.

1 Führen Sie Ihren Kopf ganz langsam in Richtung Ihrer rechten Schulter, so als würden Sie ihn in Zeitlupe darauf ablegen wollen. Richten Sie dabei Ihre gesamte Aufmerksamkeit auf die zunehmende Spannung in den Muskeln und Bändern im Bereich Ihrer linken Hals- und Schulterpartie.

2 Führen Sie anschließend die gleiche Bewegung in die entgegengesetzte Richtung durch. Machen Sie dies einige Male und lassen Sie dabei Ihre Bewegungen immer kleiner werden.

3 Führen Sie diese Übung erst mit offenen, dann mit geschlossenen Augen durch.

4 Aktivieren Sie anschließend Ihre Halswirbelsäule, indem Sie sich vorstellen, Ihr Kopf wäre wie eine Schublade auf Ihrer Halswirbelsäule montiert. Bewegen Sie Ihren Kopf parallel zum Boden wie eine Schublade nach vorne und hinten. In beiden Positionen dehnen Sie Ihre Nacken- und Halsmuskulatur. Viele Menschen denken, ihre nach vorne

überstreckte Kopfhaltung wäre entspannt. Dies ist ein Irrtum, denn gerade diese Haltung fordert die Nackenmuskulatur enorm.

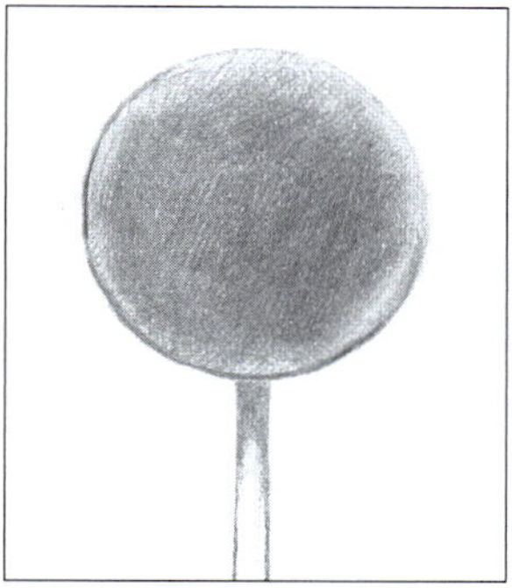

5 Entwickeln Sie ein Gefühl für das Gewicht Ihres Kopfs und die Notwendigkeit, dass Ihr Kopf auf Ihrer Halswirbelsäule ruht. Beobachten Sie den direkten Zusammenhang zwischen der Position Ihrer Halswirbelsäule, der Haltung Ihres Kopfs und der Spannung Ihrer Schulter- und Nackenmuskulatur.

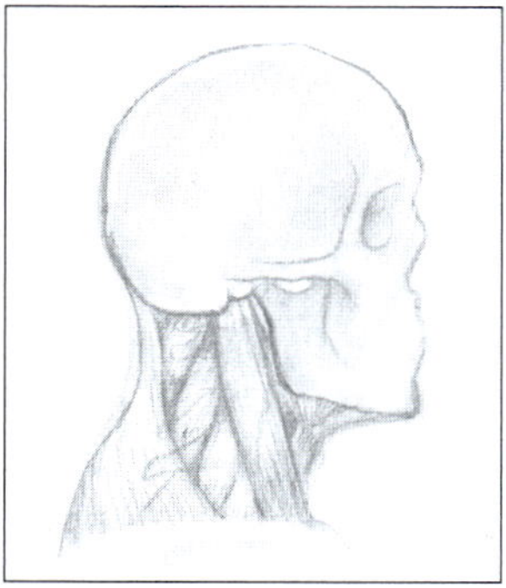

6 Halten Sie zum Abschluss Ihre Augen geschlossen und fühlen Sie, wie sich Ihr Körper nahezu von alleine vom Scheitel bis zur Sohle in eine balancierte Haltung einpendelt.

Waren Sie zentriert?

Vorsicht: Wenn Sie jahrelang eine nicht zentrierte Haltung eingenommen hatten, wird Ihr Körper signalisieren, dass Sie in einer tatsächlich zentrierten Haltung außer Balance sind. Wie sagen wir so schön: Der Mensch ist ein Gewohnheitstier.

Mit anderen Worten: Nach einer Übungssequenz werden Sie wohl kaum wie eine Eins dastehen können. Was Sie aber erfahren werden, ist, dass mit zunehmender Praxis Ihr Körper sich von innen heraus selbst balanciert und sich mehr und mehr einer natürlich aufrechten Haltung annähert.

Und noch etwas: Verspannungen, die sich im Laufe der Jahre oder Jahrzehnte aufgebaut haben und deshalb von Ihrem Gehirn nicht mehr als solche gemeldet werden, können nach Berichten meiner Klienten während dieser Übungen wieder in ihrem eigentlichen Schmerz zu Tage treten. Seien Sie also nicht irritiert, wenn sich während oder auch nach diesen Übungen Spannungsschmerzen einstellen. Dass Sie diese wieder fühlen können, ist ein sehr positives Zeichen.

Im Gang Haltung zeigen

Der Gang eines Menschen sagt viel über ihn und seine momentane Befindlichkeit aus. Wenn der Geschäftsführer den Sitzungssaal mit raschen Schritten betritt, die Arme locker schwenkend, wird er anpackend und selbstbewusst wirken. Wenn er dagegen mit gesenktem Kopf, die Hände auf dem Rücken verschränkt, langsam in den Raum kommt, kann das die Atmosphäre der ganzen Sitzung beeinflussen. Die Teilnehmer werden weniger motiviert sein, konstruktive Vorschläge zu äußern und die Sitzung rasch beenden wollen.

Signale solcher Art wirken stark auf unser Unbewusstes. Meist nehmen wir nur ein vages Gefühl des Unbehagens wahr oder fühlen plötzlich, wie die Lust an der inhaltlichen Auseinandersetzung wächst, ohne sagen zu können warum.

Jung oder alt?

Haben Sie sich schon einmal gefragt, warum uns manche ältere Menschen jünger erscheinen als andere, obwohl deren Haut nicht weniger faltig ist? – Häufig liegt dies am Gang. Denn nicht Falten im Gesicht lassen alt wirken, sondern Bewegungen. Werden sie steif und ungelenk, schätzen wir auch das Alter höher. Jüngere Menschen, die seelisch verknöchert sind, verraten dies meist an einem Gang, der ihrem Alter nicht entspricht. Die Ausstrahlung einer Person kann dadurch stark leiden.

■ *Wer eine zentrierte Haltung im Gehen einnimmt, wird automatisch kraftvoller, natürlicher und präsenter wirken – egal ob jung oder alt.* ■

Die Stellung der Füße

Noch wichtiger als im Sitzen oder Stehen (siehe dazu Seite 41) ist die Haltung der Füße beim Gehen. Die wenigsten Menschen widmen der Stellung ihrer Füße die angemessene Aufmerksamkeit; dabei ist die Fußhaltung auch für unsere Körpergesundheit wesentlich.

Die Basis, auf der wir stehen

Unsere Füße tragen unseren Körper. Umso wichtiger ist es, dass sie zentriert gesetzt werden. Sind wir schon „an der Basis" außer Balance, müssen wir dies mit weiteren Fehlhaltungen ausgleichen. Die Folge sind Verspannungen und Rückenprobleme: die Ausstrahlungskiller Nummer eins.

Dabei sollten Ihre Beine weder zu weit auseinander stehen, noch zu eng. Die Füße sollten sich nicht berühren, sonst fehlt es Ihnen an Standfestigkeit. Wenn Sie, wie bereits beschrieben, mit beiden Beinen beckenbreit stehen, ist Ihr Oberkörper beweglich, ohne dass Sie an Standfestigkeit verlieren.

Achten Sie darauf, dass Ihre Füße parallel zueinander stehen und gerade nach vorne zeigen. Das Körpergewicht sollte gleichmäßig auf beide Füße verteilt sein.

■ *Bewegen Sie immer wieder einmal die Zehen – auch im Sitzen unter dem Schreibtisch. Das fördert die Durchblutung und macht wach. (Übrigens auch ein guter Trick für Morgenmuffel, um leichter aus dem Bett zu kommen!)* ■

Fußstellung als Wegweiser?

Die Stellung unserer Füße zeigt immer die Richtung an, in die wir unbewusst gehen wollen. Auch beim Sitzen richten wir oft die Fußspitzen – je nach Sympathie oder Antipathie – zu unserem Gesprächspartner hin oder von ihm weg. Zeigen Ihre Fußspitzen in die Richtung, in die Sie gehen möchten?

Es hat sich gezeigt, dass die Aufmerksamkeit anderer Menschen unbewusst der von den Füßen angezeigten Richtung folgt. Weisen Ihre Füße also nach innen oder außen, statt nach vorne, lenken Sie Ihr Gegenüber von Ihrem Ziel ab; was Sie wollen, wird unklar – Sie schwächen Ihre Präsenz.

Was ein nach außen gerichteter Gang ausdrücken kann

Der nach außen gerichtete Gang ist mit Sicherheit die häufigste Variante. Die Füße zeigen in eine Richtung, die Sie beim Gehen nicht einhalten. Wollten Sie tatsächlich in die Richtung laufen, die Ihre Füße anzeigen, würde dies schon nach wenigen Schritten im Spagat enden. Die Gehrichtung weicht also stark von der tatsächlichen Ausrichtung der Füße ab.

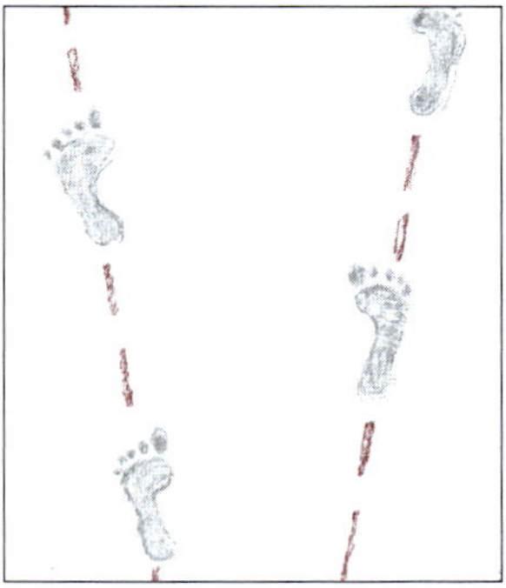

Ein solcher Gang signalisiert dem Gegenüber ein gewisses Zögern, ein Sich-zurück-Halten beim Weg nach vorne in Richtung Ihrer Ziele.

Worauf der „Sichelgang" hinweist

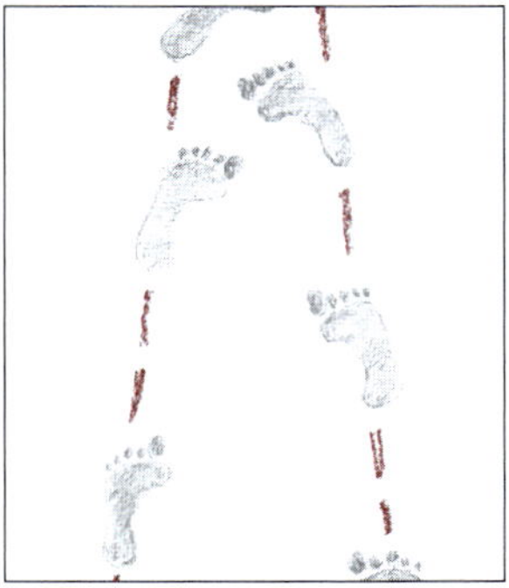

Der weniger häufige „Sichelgang", bei dem die Fußspitzen nach innen zeigen, drückt ebenfalls eine unbewusste Blockadehaltung aus. Diesmal aber nicht vorrangig anderen, sondern in erster Linie sich selbst gegenüber. Die nach innen gerichteten Füße beschränken Sie, machen ein Aus-sich-heraus-Gehen und ein Zugehen auf andere Menschen fast unmöglich.

Diese Haltung zeigt, dass man ein tendenziell eher nach innen gekehrter Mensch ist, der sich nur schwer nach außen hin öffnen kann und sich in der Kommunikation oft unsicher fühlt.

Test: Wohin die Füße zeigen

Laufen Sie einmal ein Stück weit in den genannten Varianten. Jeweils ein bis zwei Minuten lang mit nach außen, nach vorne und nach innen gerichteten Füßen.

- Nach außen gerichteter Gang: Spüren Sie die Zurückhaltung und zunehmende Blockierung Ihres Nach-vorne-Strebens durch den nach außen gerichteten Gang?
- Nach innen gerichteter Gang: Merken Sie, wie schwierig es ist, mit dieser Gangart nach vorne zu kommen oder sich körperlich auszudrücken? Spüren Sie die Einschränkungen, die Sie sich in dieser Haltung selbst auferlegen?

Achten Sie auf die Dynamik Ihres Gangs

Haben Sie sich schon einmal gefragt, welche Gangart Sie in der Regel haben? Gehen Sie eher wippend, locker, entspannt und ruhig, oder eher steif, zackig, forsch und schnell durch den Tag?

Hektik und Stress im Berufsalltag

Im geschäftlichen Alltag ist es üblich, schnell zu agieren. Sonst, so meinen wir, ließe sich das gesamte Arbeitspensum nicht bewältigen. Die Anstrengung, die wir dabei aufwenden, auch Stress genannt, spüren wir nur noch im Zustand größter

Erschöpfung. Das Empfinden für uns selbst und andere geht dabei aber mehr und mehr verloren. Wir nehmen die Wirklichkeit nur noch bruchstückhaft wahr. Unsere hektische, getriebene Gangart mit meist unkoordinierten oder steifen Bewegungsabläufen, fällt uns nicht mehr auf. Uns nicht – wohl aber unserem Umfeld.

Was sagt unsere Art zu gehen über uns aus?

Direkte Entsprechungen zwischen der Gangdynamik und unserer aktuellen Befindlichkeit kennen Sie sicherlich von sich selbst: Wenn Ihnen das Leben gerade sinnlos und voller Fallstricke erscheint, werden Sie kaum mit ausholenden Bewegungen und kräftigem Schritt durch die Welt spazieren. Unser Gang drückt unsere momentanen Befindlichkeiten sehr direkt aus. Doch es gibt darüber hinaus individuelle Merkmale, die uns in den Augen anderer charakterisieren – Merkmale, die unsere Ausstrahlung bestimmen.

- So fehlt Menschen mit einem wippenden Gang der Bodenkontakt. Entsprechend strahlen sie wenig Realitätssinn aus und wirken nicht selten flatterhaft.
- Umgekehrt führt ein schleppender Gang dazu, allzu sehr dem Boden verhaftet zu sein. Solche Menschen machen auf uns den Eindruck, als sei alles eine Qual. Sie kommen schwer voran und wirken auf andere eher wie ein Bremser.
- Gerade im beruflichen Kontext kann man häufig Menschen mit getriebenem Gang beobachten. Viele Menschen, die sich einen solchen Gang angewöhnt haben, denken, sie würden auf diese Weise ihr besonderes Engagement deut-

lich machen. Andere werden allerdings wenig Vertrauen in solche Menschen entwickeln. Ein solcher Gang lässt vermuten, dass der andere immer schon woanders ist, dass er nie konzentriert und präsent bei seiner aktuellen Aufgabe verweilen kann.

Natürlich und zentriert gehen

... das ist das Ziel – egal, ob wir es gerade eilig haben oder nicht, ob wir uns gut fühlen oder ob wir Sorgen haben. Vielleicht haben Sie die Arten zu gehen, die wir soeben beschrieben haben, im Geist vor sich gesehen und bereits die entscheidende Gemeinsamkeit entdeckt: Ob getrieben, hektisch, wippend oder schleppend, es fehlt die Präsenz, die innere Balance, kurz: diese Menschen gehen nicht zentriert.

Auch wenn Sie nun darauf achten würden, die Füße nach vorne zu richten, den Rücken aufrecht zu halten, die Arme nicht steif zu halten, den Kopf nach oben auszurichten und so weiter – sie würden nichts gewinnen. Sie hätten Hunderte neuer Regeln im Kopf und wären ständig damit beschäftigt, an sich herumzukorrigieren und sich zu überlegen, wie sie sich in welcher Situation zu verhalten hätten. Dass Sie dies nur noch mehr blockieren würde, liegt auf der Hand.

Test: Inneres Gleichgewicht beim Gehen

Bevor wir zu den Übungen zum Gang kommen, können Sie mit den folgenden Tests prüfen, wie viel innere Balance Ihnen zu eigen ist.

Bleiben Sie stehen, schließen Sie die Augen und gehen Sie in kleinen Schritten geradeaus. Der Grad Ihrer Unsicherheit oder wie wacklig Ihre Beine sind, das Maß der von Ihnen in diesem Moment empfundenen Orientierungslosigkeit oder eine wesentliche höhere Muskelspannung im Körper sind direkter Ausdruck Ihrer inneren Balance.

■ *Wir haben es uns soeben vor Augen geführt: Der Gang zeigt Mitmenschen am deutlichsten, ob Sie sich in einem innerem Gleichgewicht befinden oder nicht.* ■

Verurteilen Sie sich nicht, wenn Sie feststellen, dass Sie im Moment etwas wacklig oder steif auf den Beinen stehen. Wiederholen Sie diesen Test in ein paar Wochen wieder, nachdem Sie regelmäßig Übungen aus diesem Buch gemacht haben – Sie werden sehen, dass Sie schon einen festeren Stand gewonnen haben.

Test: Innerer Halt

Hier noch ein anderer Test, mit dem Sie sich selbst besser einschätzen lernen.

Gehen Sie ein paar Schritte und bleiben Sie nach jedem Schritt mit dem gesamten Gewicht Ihres Körpers auf dem belasteten Fuß stehen. Ihr Gewicht ruht damit abwechselnd auf der rechten oder linken Fußsohle. Der jeweils andere Fuß berührt den Boden nicht. Nun wiederholen Sie diese Sequenz mit geschlossenen Augen.

Möglicherweise werden Sie, wie die meisten meiner Klienten, feststellen, dass Ihnen die Übung mit offenen Augen noch relativ leicht fällt. In dem Moment aber, wo Sie die Bewegungssequenz mit geschlossenen Augen wiederholen, steigt der Grad Ihrer Unsicherheit rapide an.

Was bedeutet das? Es zeigt, dass Sie, wie die meisten unserer Mitmenschen, Ihre gesamte Aufmerksamkeit auf äußere Anhaltspunkte richten. Solche Anhaltspunkte können auch Meinungen anderer Menschen, Regeln oder Normen sein. Es zeigt, dass Sie Ihren Halt nicht in sich selbst, in Ihrer Zentriertheit haben, sondern im Außen suchen. Es besteht eine „Disbalance" zwischen Außen- und Innenorientierung. Schaffen Sie auch hier Balance, indem Sie Ihre Aufmerksamkeit bewusst immer wieder auf Ihre Zentriertheit richten!

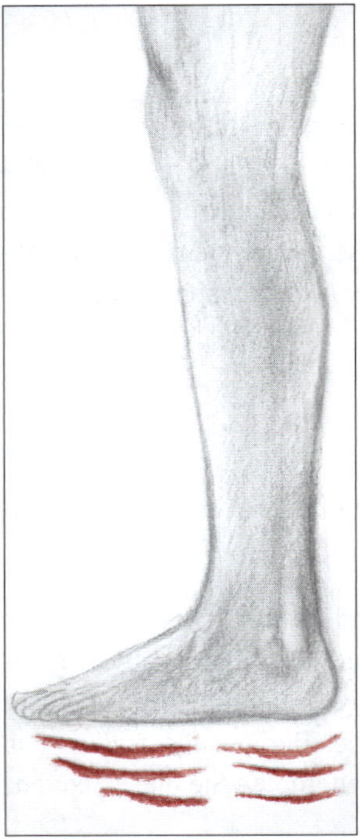

Übungen: Soweit die Füße tragen

Mit diesen Übungen gelangen Sie zu einem natürlichen, balancierten Gehverhalten, selbst wenn Sie hektisch sind.

Übung: Bodenkontakt

1 Machen Sie vorab im Stehen die bereits bekannte Übung zum inneren Rhythmus (siehe Seite 51), bis Sie Ihren Herzschlag in den Fußsohlen spüren (siehe Bild links).

2 Setzen Sie nun, Ihren Herzschlag immer bewusst fühlend, einen Fuß vor den anderen. Verlagern Sie dabei das Gewicht Ihres ganzen Körpers auf die jeweilige Fußsohle. Sie werden spüren, dass Sie den Boden unter Ihren Füßen ganz anders wahrnehmen.

3 Sollten Sie Ihren Herzschlag jetzt nicht mehr bewusst wahrnehmen, halten Sie inne. Führen Sie erneut die Übung zum inneren Rhythmus durch und beginnen Sie noch einmal mit Abschnitt 2.

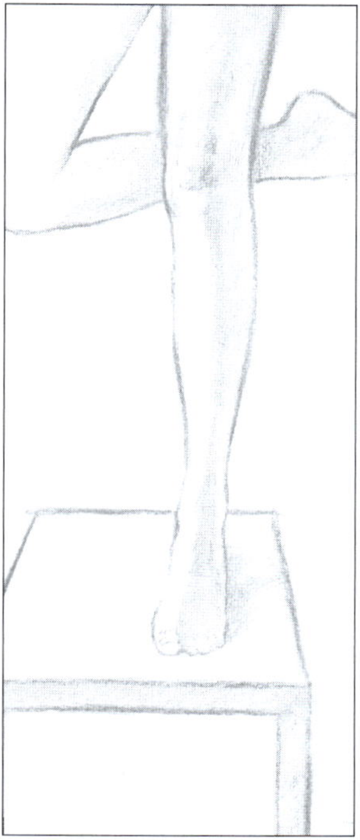

Mit dieser Übung wird Ihr Gang mehr und mehr an Präsenz gewinnen.

Übung: Gleichgewicht

1 Stellen Sie sich auf einen Stuhl oder Hocker. Verlagern Sie Ihr Körpergewicht abwechselnd von einem auf das andere Bein. Halten Sie die Augen geöffnet und schauen Sie geradeaus.

2 Sie werden merken, dass durch die Entfernung vom Boden ähnliche Unsicherheiten auftreten, wie beim Gehen mit geschlossenen Augen.

■ *Machen Sie diese Übung nicht zu mechanisch. Zwingen Sie sich nicht. Erinnern Sie sich: Sie können Ihren Körper nicht durch Willenskraft in Balance bringen.* ■

Lassen Sie Ihren Körper sprechen

Begegnungen leben von der Kommunikation: Doch mit geschliffener Rhetorik allein ist es nicht getan. Was wir mit Gestik, Mimik und unserer Stimme ausdrücken, entscheidet mit darüber, ob wir erfolgreich kommunizieren oder nicht.

Die Atmung als Basis Ihres Wohlbefindens

Die Atmung ist der Quell des Lebens: Alle Zellen unseres Organismus sind auf die ständige Zufuhr von Sauerstoff und den kontinuierlichen Abtransport des verbrauchten Sauerstoffs, also von Kohlendioxid, angewiesen. Lange Zeit haben westliche Kulturen die Bedeutung einer richtigen Atmung für das allgemeine Wohlbefinden vernachlässigt. Mit zunehmendem Leistungsdenken und immer größeren Stresspotenzialen, denen wir heute in Beruf wie Alltag ausgesetzt sind, wurde die Bedeutung einer gesunden Atmung für unsere körperliche, geistige und seelische Gesundheit wieder entdeckt.

Dass unsere Art zu atmen und davon abhängig unsere Sprechweise und unsere Stimme auch ein körpersprachlicher Ausdruck von uns selbst sind, wird klar, wenn wir uns einige typische Angewohnheiten vor Augen führen: eine abgehackte Sprechweise zum Beispiel, Kurzatmigkeit, geräuschvolles Luftholen oder eine gepresste, quietschende Stimme. Solche Merkmale begegnen uns häufig bei nervösen Menschen. Unsere Atmung ist darüber hinaus die Basis eines jeden körpersprachlichen Ausdrucks und einer positiven Ausstrahlung.

Atmen unter Stress

Bei längeren Phasen der Überforderung und ständiger Anspannung verändern sich unsere gesunden Atemgewohnheiten dauerhaft. Dann atmen wir ständig unruhig, flach oder gepresst. Doch wer nicht mehr richtig durchatmet, führt ein Leben auf Sparflamme und schränkt seine Lebensqualität ein, ohne dass ihm dies bewusst wird. Wir haben uns an die Begleiterscheinungen eines flachen Atems gewöhnt und nehmen die Einschränkungen daraus nicht mehr wahr.

■ *Die Stressatmung, die zunächst natürlicher Ausdruck unserer Anspannung war, wird über längere Zeit hinweg selbst zum Auslöser von Überforderung und seelischen Problemen.* ■

Eine entspannte Spontanatmung bringt Ihnen neue Energie und lässt Sie ausgeglichener werden – beste Voraussetzung für eine positive Ausstrahlung. Bei gesunder Atmung gelangt bis zu 70 % mehr Sauerstoff in unseren Körper als bei flacher Atmung oder Kurzatmigkeit. Ein geradezu unvorstellbarer Unterschied! Denn nicht nur unser Gehirn, alle Organe, unser gesamter Körper werden dabei besser versorgt. Wenn wir richtig atmen, spielen alle Atemmuskeln natürlich zusammen. Dies ist das Ziel, das Sie mit Hilfe der Übungen in diesem Kapitel erreichen können.

Gibt es die richtige Atemtechnik?

Sicher haben Sie schon von den verschiedenen Atemtechniken gehört: Bauch- oder Zwerchfellatmung, Flanken- oder Brustatmung, Hochatmung und viele Bezeichnungen mehr. Um es gleich vorauszuschicken, wir wollen uns an der Diskussion über richtig und falsch nicht beteiligen. Allgemein akzeptiert ist jedoch, dass die Hochatmung, das heißt die

Atmung, bei der sich die Schultern heben und senken, vermieden werden sollte. Als erstrebenswert gilt eine Kombination aus Bauch- und Flankenatmung (Flanke meint hier den unteren, seitlichen Teil des Oberkörpers).

Der Atem steuert das Wohlbefinden

Wichtig ist mir vor allem, dass Sie ein Bewusstsein für Ihre Atmung entwickeln. Sie sollten spüren, wenn Sie zu flach, zu hektisch oder unregelmäßig atmen, damit sich wieder eine gesunde Atmung in Ihnen einstellen kann. Eine entspannte Atmung verhilft Ihnen unmittelbar zu mehr Ausgeglichenheit und höherer Stresstoleranz – zu nichts anderem also, als zu mehr Souveränität und innerer Kraft. Die Atemübungen halten wir deshalb für einen zentralen und unabdingbaren Abschnitt auf dem Weg zu einer positiven Ausstrahlung.

Atmen und Energie tanken

Kurzatmigkeit ist ein weit verbreitetes Phänomen. Sicher kennen Sie Menschen, die während des Sprechens immer wieder hektisch Luft ziehen und unausgeglichen und nervös wirken. Ebenso wie Flachatmer atmen sie nur bis zum zweiten oder dritten Brustwirbel ein. Erhebliche Teile des Körpers bleiben dabei mit Sauerstoff unterversorgt und es gelangt insgesamt zu wenig Sauerstoff in die Lunge. Wer flach atmet, verliert stark an Präsenz, seine Erscheinung wirkt zurückgenommen, sein Ausdruck nicht mehr klar.

Nun, werden Sie jetzt vielleicht denken, dann atme ich in Zukunft eben einfach tiefer ein. Ganz so einfach geht es leider nicht. Meine Erfahrungen zeigen, dass Menschen mit gestresstem Atemverhalten bei der Aufforderung, tiefer zu atmen, nur mechanisch den Bauch nach vorne strecken. Sie haben zwar subjektiv den Eindruck, tiefer zu atmen, doch nutzen sie nicht wirklich den gesamten, möglichen Atemraum aus.

Aktivieren Sie den Atemreflex

Wenn wir die Atemräume, wie ich Ihnen das in der folgenden Übung vorschlage, künstlich verkleinern, entsteht ein erhöhter Druck und es wird unmittelbar der körpereigene Atemreflex ausgelöst. Dadurch nutzen Sie nicht nur den oberen Lungen- und den Bauchraum, sondern auch den Bereich der Flanken für Ihre Atmung, aktivieren also ganz automatisch mehrere Atemräume. Sie erreichen einen tieferen Atem also keineswegs durch bewusst gesteuertes Tieferführen, sondern ganz einfach durch eine vorübergehende künstliche Verkleinerung der Atemräume.

■ *Wenn Sie Ihre gesamten Atemräume nutzen, bekommen Sie in jeder Lebenslage „genügend Luft". Und Sie unterstützen Ihren Gang und Ihren Stand, gewinnen mehr innere Stabilität und damit Präsenz.* ■

Übung: „Abfahrtshocke"

Kennen Sie die Abfahrtshocke aus der Skigymnastik? Bei dieser Übung stehen Sie in einer gebückten Haltung, die Knie tief gebeugt mit beiden Füßen auf dem Boden, und wippen in den Knien auf und ab. Die Unterarme liegen auf den Oberschenkeln. Die Grundstellung dieser Übung bildet die Ausgangsposition für die folgende Atemübung, mit der Sie bisher ungenutzte Atemräume wieder aktivieren können.

Bitte beachten Sie: Leser mit starken Rückenbeschwerden oder Bandscheibenproblemen sollten diese Übung vorab mit Ihrem Orthopäden besprechen. Sie können die Übung auch im Sitzen durchführen: Beugen Sie den Oberkörper nur soweit nach vorne, wie Sie schmerzfrei sind.

1 Am besten gelangen Sie aus einer sitzenden Position in die Abfahrtshocke. Setzen Sie sich dazu auf die äußerste Stuhlkante (es sollte nach Möglichkeit ein fester Stuhl sein, kein Schreibtischstuhl oder gar ein Sessel). Beugen Sie nun Ihren Oberkörper so weit wie möglich nach vorne, möglichst bis der Rumpf auf den Beinen liegt. Die Hände liegen locker auf den Knien. Stützen Sie Ihren Oberkörper

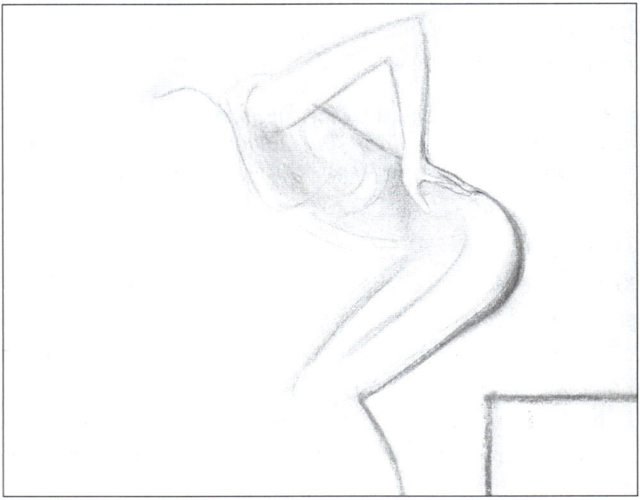

auf keinen Fall mit den Unterarmen ab. Nun geben Sie sich einen kleinen Schubs und schon stehen Sie in der Abfahrtshocke.

2 Schließen Sie die Augen und richten Sie Ihre Aufmerksamkeit auf Ihre Atmung. Legen Sie nun Ihre Hände an Ihre Flanken (in den weichen Bereich zwischen Becken und unterster Rippe). Ihre Finger sollen dabei Richtung Boden zeigen und Ihre Handgelenke etwa unterhalb der untersten Rippe aufliegen. Ihr Atem fließt ruhig, Ihre Fußsohlen berühren den Boden.

3 Atmen Sie ruhig ein und aus. Schon nach kurzer Zeit werden sich Ihre Handflächen heben und senken – Sie atmen in die Flanken.

Effekt: Indem Sie Ihren Oberkörper nach vorne beugen, verengen Sie den Bauchbereich zwischen Becken und unterster Rippe. Stellen Sie sich vor, in diesen Bereichen rechts und links wäre je ein Luftballon. Dann würden Sie diese Luftballone vor allem auf der Vorderseite Ihres Körpers zwischen Bauch und Oberschenkel einquetschen. Sie würden sich dann nach hinten, also in Richtung Rücken, ausdehnen. Durch diese Haltung strömt die Luft in den Flankenbereich, den Sie dadurch aktivieren.

4 Lassen Sie nun Ihre Atmung in die Mittelpunkte der Handinnenflächen fließen. Wenn Sie ein leichtes Pulsieren verspüren, richten Sie sich langsam auf. Gelangen Sie in eine stehende Haltung. Lassen Sie Ihre Hände noch eine Zeit lang liegen und bleiben Sie in Kontakt mit Ihrer Atmung.

Diese Übung trägt wesentlich dazu bei, den Bereich zwischen unterster Rippe und Becken wieder zu spüren und den spontanen Atemreflex in dieser Region zu stimulieren. Ist dieser Bereich Ihres Körpers offen, ohne eingeknickt zu sein, werden Sie vor allem im Sitzen leichter eine zentrierte Haltung einnehmen und Ihre Atmung vertieft sich. Davon wird Ihre Ausstrahlung unmittelbar profitieren!

Entdecken Sie Ihre Stimme

Atmen und Sprechen sind sehr eng miteinander verbunden. Sind unsere Atemräume weit und beweglich, wird auch unsere Stimme präsent und klar sein. Eine natürliche Atmung führt dazu, dass unsere Stimme ihre natürliche „Lage" findet (siehe unten). Eine unnatürliche Atmung führt zu Schwierigkeiten mit der Stimme: Wir sprechen zu schnell oder zu hoch, sind kurzatmig, müssen mitten im Satz nach Luft schnappen, artikulieren undeutlich oder müssen uns ständig räuspern. So gesehen, haben Sie mit dem letzten Kapitel zur Atmung auch schon Wichtiges für eine Verbesserung Ihrer Stimme geleistet.

Die Bedeutung des Zwerchfells

Das Zwerchfell ist ein Muskel, der Brust- und Bauchraum voneinander trennt. Es ist der entscheidende Atemmuskel, aber es ist auch für unsere Stimme von höchster Bedeutung, denn mit Hilfe des Zwerchfells können wir unsere Stimme variieren, wir können sie laut oder leise, kraftvoll, voluminös oder zaghaft klingen lassen.

Leider verkümmert das Zwerchfell bei sehr vielen Menschen: Unnatürliches Atemverhalten, wie zum Beispiel eine dauerhaft flache Atmung oder die oben erwähnte Hochatmung schwächen das Zwerchfell. Die Übung zur Atemtechnik, die ich Ihnen schon vorgestellt habe, aktiviert Ihr Zwerchfell.

In diesem Kapitel stelle ich Ihnen weitere Übungen zum Training des Zwerchfells vor, die spezifisch auf die Verbesserung der Stimme und der Artikulation ausgerichtet sind. Eine präsente wohl klingende Stimme auch in aufgeregtem Zustand, müheloses Sprechen ohne Räuspern und dazu eine klare und deutliche Aussprache verleihen Ihnen Präsenz und lassen Ihr Auftreten kraftvoll und sympathisch erscheinen.

Test: Was aktiviert das Zwerchfell?

Stellen Sie sich zentriert hin und „spucken" Sie ein paar Mal hintereinander Luft auf den Boden. Sie werden feststellen, dass dabei zwischen Bauch- und Brusthöhle etwas zuckt: das Zwerchfell. Sie spüren es auch bei Lauten wie „th" oder „hh". Wenn Sie eine Hand unter das Brustbein legen, fühlen Sie es noch deutlicher. Mit dem Zwerchfell steuern Sie den Luftstrom für die Artikulation beim Sprechen. Wenn Sie einmal versuchen, ohne Punkt und Komma zu sprechen, bis Ihnen die Luft ausgeht, fühlen Sie, wie sich das Zwerchfell mehr und mehr zusammenzieht, um auch noch den letzten Kubikzentimeter Luft aus Ihnen herauszupressen.

Fließend sprechen

Manche Menschen sprechen sehr abgehackt und halten zwischen einzelnen Worten die Luft an. Eine solche Sprechweise wirkt gehemmt und unfrei. Das Geheimnis einer fließenden Kommunikation besteht in einem immer fortlaufenden Atemstrom, einem Fluss, der niemals stoppt.

Ihre Worte werden von diesem Strom getragen. Dabei können Sie den Luftstrom durchaus an bestimmten Stellen unterbrechen. Jedoch sollten Sie die Luft nicht anhalten, sondern lediglich kurz im Atmen innehalten. Der Unterschied liegt in der Anstrengung, die Sie dabei unternehmen. Luftanhalten bedeutet das mechanische Zurückhalten des Atems mit Hilfe des Zwerchfells, Innehalten dagegen ist ein sanftes Luftholen, ohne die Führung des Atembogens zu unterbrechen.

Achten Sie auf das Zwerchfell

Je professioneller und entspannter Sie sprechen möchten, desto mehr Aufmerksamkeit fordert Ihr Zwerchfell. Sobald das Zwerchfell überanstrengt wird, beginnen Sie aus dem Kehlkopf zu sprechen, der Luftstrom wird dann nicht mehr aus dem Bauchraum abgestützt, sondern zu weit oben. Damit steht weniger Atemvolumen zur Verfügung und Sie können nicht mehr über längere Zeit entspannt sprechen. Prüfen Sie daher immer wieder, ob Sie beim Einatmen den unteren Bauchraum und die Flanken nutzen.

Übungen: Das Zwerchfell aktivieren

Mit den folgenden Übungen gewinnen Sie ein Gespür für die Grenzen Ihres Atemvolumens und trainieren das Zwerchfell, das die Modulation Ihrer Stimme steuert.

Übung: In die Flamme atmen

1 Stellen Sie eine Kerze so vor sich auf den Tisch, dass Ihr Atem in Richtung der Flamme strömt.

2 Beschleunigen und verzögern Sie Ihren Luftstrom. Gewinnen Sie ein Gespür dafür, wie das Zwerchfell Ihren Atem steuert.

3 Nun versuchen Sie, nicht mehr die Geschwindigkeit, sondern das Atemvolumen zu steuern. Öffnen Sie den Mund, als würden Sie gähnen und atmen Sie aus. Beobachten Sie die Bewegung der Flamme.

Übung: Hecheln wie ein Hund

1 Beginnen Sie, wie ein Hund zu hecheln. Atmen Sie dabei zunächst nur im Rhythmus von einer Sekunde ein und aus. In diesem Tempo werden Sie Ihren Bauch einziehen (Ausatmung) und nach außen drücken (Einatmung).

2 Beschleunigen Sie nun den Rhythmus. Sie werden vielleicht merken, dass Sie rasch auf eine „Blockade" stoßen. Dann ist Ihr Zwerchfell nicht geschmeidig und flexibel genug.

Übung: Die Atembögen steuern

Sprechen Sie noch einmal ohne Punkt und Komma und beobachten Sie sich in folgenden Varianten:

1 Atmen Sie vor dem Sprechen abwechselnd tiefer ein, dann weniger tief.

2 Atmen Sie, bevor Sie sprechen, in Gähnstellung ein.

3 Versuchen Sie die Luft möglichst lange zurückzuhalten und sprechen Sie erst, wenn Sie den Atem gar nicht mehr halten können.

4 Unterbrechen Sie den Luftstrom beim Ausatmen (ohne zu sprechen) ganz gezielt, zunächst etwa bei der Hälfte des Atemvolumens. Dann unterbrechen Sie den Luftstrom zweimal, dann dreimal, dann viermal. Sprechen Sie jetzt noch einmal ohne Punkt und Komma.

5 Versuchen Sie nun, während eines Atembogens plötzlich schneller zu sprechen. Sie werden spüren, wie rasch sich dabei Ihr Luftvorrat erschöpft.

Mit Hilfe dieser Übung lernen Sie Ihre individuellen Modulationsmöglichkeiten über die Atmung kennen. Ein gutes Fundament für eine flüssige Rede!

Die Stimme als Spiegel des Selbst

Gesicht und Stimme eines Menschen sind seine wichtigsten Merkmale, mit denen andere ihn identifizieren. Sie drücken unsere Einzigartigkeit und Befindlichkeit in jedem Moment aus. Eine angenehme Stimme ist ein wesentlicher Sympathieträger. Gepresste, überschnappende Stimmen empfinden wir als unangenehm – das kann unser Vergnügen an einem Gespräch schwer beeinträchtigen. Dabei gibt es keine ideale Tonhöhe, die automatisch für Wohlgefallen sorgt. Vielmehr muss jeder Mensch seine Stimme finden. Dabei steht jedem ein großer, individueller Tonumfang zur Verfügung, den er nutzen sollte.

Gibt es die ideale Tonhöhe?

Die Tonhöhe wird von der Spannung der Stimmbänder bestimmt. Je angespannter wir innerlich sind, desto höher wird die Stimme ausfallen. Wer sehr aufgeregt ist, spricht in der Regel auch höher. Auch die Atmung wirkt sich auf die Stimmhöhe aus: Je tiefer wir atmen, desto stärker nimmt die Spannung der Stimmbänder ab, desto tiefer wird unsere Stimmlage.

■ *Die Spannung der Stimmbänder nimmt proportional zur Tiefe des Atems und dem Grad Ihrer inneren Entspannung ab.* ■

Es kommt natürlich nicht darauf an, besonders tief zu sprechen – wer das absichtlich versucht, kann seiner Stimme dauerhaft schaden! Doch sollte unsere Sprechstimme möglichst entspannt und in unserem individuellen Tonumfang nicht allzu hoch angesetzt sein. Die folgende Übung (Seite 83) kann Ihnen helfen, Ihre Stimme zu entdecken.

Lernen Sie Ihre Stimme kennen

Den meisten Menschen ist es höchst unangenehm, die eigene Stimme zu hören. Sie klingt fremd in ihren Ohren und wird deshalb fast immer als unangenehm empfunden. Das liegt daran, dass wir von uns wegsprechen und unsere Stimme nicht direkt an unser Ohr dringt. Verstärkt wird dieser Effekt durch die Tatsache, dass der Schall unserer Stimme mit mehr oder weniger Resonanz auch im Körper direkt von den Sprech- zu den Hörorganen weitergeleitet wird. Deshalb hören wir unsere Stimme in einer anderen Klangfarbe und Tonlage als andere Menschen.

Meine praktische Arbeit im Training hat gezeigt, dass es äußerst hilfreich ist, sich mit der eigenen Stimme zu „versöhnen", mit ihrem Klang und ihrer Wirkung vertraut zu werden. Sie werden sehen, nach einiger Zeit macht das Hören der eigenen Stimme sogar Spaß!

Seine Stimme zu kennen, hat folgende Vorteile:

- Wir verlieren die Angst vor der eigenen Stimme, wenn wir beispielsweise über Mikrophon sprechen müssen. Das Erschrecken vor der eigenen Stimme lenkt uns nicht mehr ab, dadurch wird unsere Rede gelöster, die Stimme freier, selbstbewusster und natürlicher.

- Sie hören Ihre eigene Stimme mit anderen Ohren, sozusagen objektiv von außen. Vielleicht sprechen Sie gepresst, vielleicht artikulieren Sie nicht deutlich, vielleicht sprechen Sie abgehackt. Sie merken selbst, worauf Sie achten sollten. So müssen Sie sich nichts künstlich antrainieren, sondern wissen genau, was Ihnen entspricht oder nicht.
- Wer den Klang seiner Stimme kennt und mit ihm vertraut ist, weiß um die Wirkung seiner Stimme nach außen. Dies führt zu mehr Selbstsicherheit und damit souveränerer Ausstrahlung.

■ *Sprechen Sie einmal eine längere Textpassage auf Band, lesen Sie einen Zeitungsartikel laut vor oder nehmen Sie eine Unterhaltung mit Freunden auf (falls diese damit einverstanden sind). Sie werden sehen, dass Sie sich schneller an Ihre Stimme gewöhnen als Sie denken.* ■

Übung: Die Stimme entdecken

1 Versuchen Sie einmal in Gähnstellung zu sprechen. Sie werden feststellen, dass Ihre Artikulation undeutlicher wird und Ihre Äußerungen zu einem „Einheitsbrei" werden. Allerdings entspannt sich dabei Ihr Zwerchfell. Ihre Stimme wird tiefer. Durch die tiefere Atmung schwingen Ihre Stimmbänder langsamer.

2 Die Kunst ist nun, den Spannungsgrad Ihrer Stimmbänder, die im Kehlkopf schwingen, zu empfinden, und gezielt zu modulieren. Tasten Sie sich aus dem Zustand maximaler Entspannung langsam an verschiedene Spannungsniveaus Ihrer Stimmbänder heran: Variieren Sie damit Ausdruck und Stimmhöhe.

3 Gleiten Sie mit der Stimme in Gähnstellung ganz langsam von ganz oben nach ganz unten. Jeder Mensch hat seinen individuellen Tonumfang, den Sie kennen lernen und auch nutzen sollten. Fixieren Sie sich nicht auf irgendein Ideal!

Was in Ihrem Gesicht geschrieben steht

Das Gesicht wird oft als Spiegel der Seele bezeichnet. Tatsächlich ist es unser wichtigstes Kommunikationsorgan, seine Ausdrucksformen sind schier grenzenlos. Wissenschaftler vermuten, dass die mehr als 20 Muskeln auf jeder Gesichtsseite, die für unsere Mimik zuständig sind, etwa 10 000 verschiedene Bewegungen hervorbringen können.

Insbesondere unsere Gefühle zeigen wir mit Hilfe unserer Mimik: Wir ziehen die Mundwinkel nach oben, runzeln die Stirn, blähen die Nasenflügel, schürzen die Lippen, heben die Augenbrauen, blinzeln mit den Augen oder drehen sie gen Himmel und vieles andere mehr.

Wie Ihr Gesicht spricht

Aus der Mimik unseres Gesichts kann jeder lesen wie in einem offenen Buch. Wir teilen einen Subtext mit, der meist unreflektiert, aber immer authentisch ist. Unsere momentane Situation, unsere Meinung, unsere Zu- oder Abneigung stehen uns sozusagen ins Gesicht geschrieben. Wir senden nonverbal Botschaften, die wir meistens nicht einmal selbst kennen. Woran liegt das?

Wir verständigen uns nicht nur mit Worten

Wir haben es gelernt, in Worte zu fassen, was wir ausdrücken möchten, haben gelernt, dass Worte eindeutig seien, und sind deshalb überzeugt, dass der Inhalt unserer Worte vollkommen ausreicht, um unsere Botschaften zu vermitteln. Diese einseitige Ausrichtung auf die verbale Ebene der Kommunikation führt dazu, dass wir unter anderem verlernen, unsere eigene Mimik wahrzunehmen. Denken Sie beispielsweise an Situationen, in denen Sie gefragt wurden: „Warum schaust Du denn so?" Im Grunde haben wir einen wesentlichen Kanal zur Wirklichkeit gekappt. Diesen Kanal wollen wir versuchen wieder zu öffnen.

Beispiel

Wie ungenau Worte sind, wird uns rasch klar, wenn wir einmal von mehreren Personen die gleichen Begriffe definieren lassen. Zum Beispiel die Begriffe „Liebe", „Team", „Professionalität". Jeder wird andere Schwerpunkte setzen, für jeden werden die einzelnen Begriffe mit anderen Inhalten verbunden sein. Nur wenn wir auch auf Mimik und Gestik, auf die Stimmhöhe und -lage, also auf den Subtext achten, erhalten wir die ganze Botschaft. Nur dann verstehen wir wirklich, was der andere uns mit Worten sagen will. Je mehr wir uns nur an Worte klammern, desto mehr Missverständnisse provozieren wir.

Ziel ist es deshalb zunächst einmal, die meist unbewussten Teile dessen, was Sie an Botschaften übermitteln, klarer wahrzunehmen. Nur das versetzt Sie in die Lage, auch Ihre Gesprächspartner realer einzuschätzen und zu begreifen.

Übung: Entdecken Sie Ihr Mienenspiel

Leihen Sie sich eine Digitalkamera aus und lassen Sie sich von einem guten Freund oder Ihrem Partner fotografieren, während Sie mit ihm sprechen. Diese Bilder zeigen Ihnen unmittelbar, was Ihnen gerade ins Gesicht geschrieben stand. Ist es das, was Sie erzählen wollten? Was sieht Ihr Gesprächspartner in Ihrem Gesicht? Was löst Ihr Gesichtsausdruck bei ihm aus? – Auf die Antworten können Sie gespannt sein.

Wenn Sie dieses Spiel mit verschiedenen Partnern machen, werden Sie feststellen, dass ihre Eindrücke nicht in allen Details übereinstimmen. Nur wenige Grundaussagen werden gleich sein. Je stimmiger Körpersprache und verbale Botschaften sind, desto geringer die subjektive Interpretationsvielfalt. Wichtig ist, dass Sie selbst ein Gespür für Ihre Mimik entwickeln und wissen, welche unmissverständlichen Signale Sie mit Ihrer Mimik nach außen senden. Die weiteren Übungen, die wir am Ende dieses Kapitels für Sie zusammengestellt haben, erleichtern es Ihnen, einen bewussten Bezug herzustellen.

Was die Mimik verrät

Unsere Mimik erzählt wie ein fortlaufender Stummfilm, was in jedem Moment unseres Ausdrucks tatsächlich in unserem Inneren abläuft. Ungeschminkt und absolut ehrlich wird für einen Betrachter unsere Wahrheit erlebbar. Lassen Sie uns anhand von ausgewählten Beispielen diesen Zusammenhang illustrieren. Sie zeigen eine kleine Auswahl möglicher Interpretationen, sind aber niemals nur als die einzig gültige zu verstehen.

Stirnrunzeln

Zweifel oder Angst können sich durch eine nach oben gezogene, gerunzelte Stirn ausdrücken. Wenn Sie ein notorischer

Hinterfrager sind, werden Sie diese Gesichtspose häufig einnehmen. Nichts können Sie einfach so glauben, niemandem einfach so vertrauen. Ihre Gesprächspartner nehmen dies bewusst oder unbewusst wahr und werden sich dementsprechend distanziert verhalten. Dass solche „Vorschussunterstellungen" nicht mit Offenheit beantwortet werden, dürfte klar sein.

Stirnfalten

Wir ziehen unsere Stirn aus den verschiedensten Gründen in Falten: wenn wir nachdenken, wenn wir uns besonders konzentrieren, wenn wir staunen und vieles andere mehr. Wenn wir bestimmte Gefühle besonders oft auf unserem Gesicht zeigen, graben sie sich als Falten ein und werden so zu einem körperlichen Ausdruck.

So tragen Menschen, die viel nachdenken und sich nur schwer zu Entscheidungen durchringen können, wenige, tiefe Falten auf der Stirn. Besonders feinfühlende, sensible Menschen haben dagegen meist mehr, aber feinere Falten auf der Stirn. Sie fühlen sich schnell angegriffen oder in Frage gestellt.

Zusammengezogene Augenbrauen

Menschen, die auf Ideen fixiert sind, tragen häufig eine oder zwei tiefe Falten zwischen Nasenwurzel und Augenbrauen. Sie beharren eigensinnig auf einer „fixen Idee" und verengen dadurch ihre Wahrnehmung, die sich ganz auf das Objekt der Begierde beschränkt. Nicht selten findet man bei diesen Menschen einen starren Blick.

Übungen: Mimik

Entspannen Sie Ihre Gesichtszüge

Schulter-Nacken-Verspannungen fühlen wir in der Regel, Verspannungen der Gesichtsmuskulatur hingegen selten. Kaum jemand hat hierfür ein Sensorium entwickelt. Dabei trägt ein entspanntes Gesicht viel zu unserer Ausstrahlung und unserem Wohlbefinden bei. Zusätzlich ermöglicht es uns eine offene Wahrnehmung, einen „weichen", flexibleren Blick. Es fällt uns leichter über den Dingen zu stehen, ohne uns groß anstrengen zu müssen.

> ■ *Ein entspanntes Gesicht strahlt nicht nur mehr Souveränität aus, es erlaubt Ihnen auch eine offenere Wahrnehmung.* ■

Achten Sie bewusst darauf, Ihr Gesicht immer wieder zu entspannen. Die folgenden Übungen werden Sie dabei unterstützen. Mit ihnen können Sie:

- Ihre Gesichtsmuskulatur entspannen,
- ein Gespür für Ihr Mienenspiel entwickeln und
- eine natürliche, authentische Mimik entfalten.

Übung: Das Lächeln des Buddha

1. Stellen Sie sich vor einen Spiegel. Üben Sie, Ihre Mundwinkel langsam anzuheben, ohne dabei den Hals zu verkrampfen.
2. Legen Sie Ihre Lippen locker aufeinander. Lassen Sie Ihre Atmung durch Ihren Körper fließen.

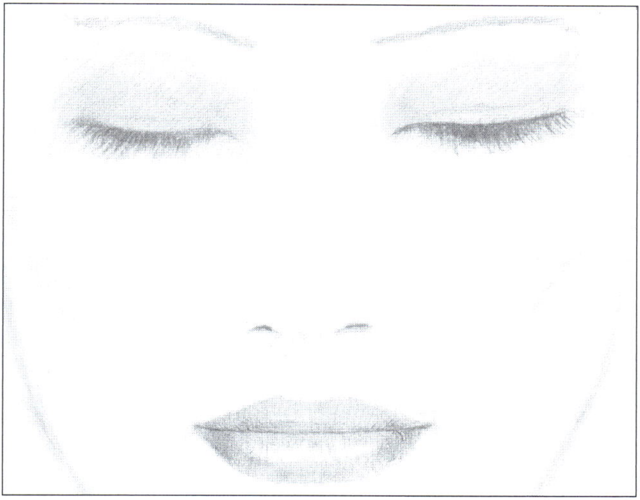

3 Bewegen Sie Ihre Mundwinkel im Zeitlupentempo nach oben. Den Atem dabei nicht unterbrechen! Sie werden feststellen, dass sich die Muskulatur auf Höhe Ihrer Jochbeine zusammenzieht.

4 Lächeln Sie mit geschlossenen Augen. Fühlen Sie, wie eine innere Wärme in Ihrem Gesicht entsteht und es einen strahlenden Ausdruck annimmt. Halten Sie dieses Lächeln drei Sekunden, bevor Sie wieder entspannen.

Übung: Unterkiefer fallen lassen

1 Fühlen Sie die Spannung der Muskulatur im Unterkiefer. Ertasten Sie dazu den Ansatz Ihres Unterkiefers. Fühlen

Sie mit Zeige- und Mittelfingern auf beiden Seiten die Spannung in Ihren Muskeln. Spüren Sie, ob es Unterschiede gibt.

2 Halten Sie Ihre Augen geschlossen. Lassen Sie in zentrierter Sitzhaltung oder balanciertem Stand Ihren Unterkiefer mit seinem Eigengewicht nach unten fallen. Fühlen Sie, wie Ihr Unterkiefer scheinbar schwerer wird, je länger Sie ihn entspannen.

3 Genießen Sie die Entspannung Ihrer Gesichtsmuskulatur bei hängendem Unterkiefer. Ihre Atmung fließt dabei ruhig weiter.

4 Heben Sie Ihren Unterkiefer nun ganz langsam an. Achten Sie darauf, dass Sie dies mit einem minimalen Aufwand an Energieeinsatz tun. Sie werden sehen, dass Sie Ihren Unterkiefer nicht ganz nach oben bewegen müssen, um Ihre Lippen zu schließen.

Übung: Entspannte Züge

Eine entspannte Hals- und Unterkiefermuskulatur ist die Basis für einen entspannten Gesichtsausdruck.

1 Richten Sie Ihre Aufmerksamkeit auf Hals- und Unterkiefermuskulatur.

2 Spannen Sie ganz bewusst Ihre vordere Halsmuskulatur an. Fühlen Sie, wie sich die Spannung bis zum Haaransatz fortsetzt. Lassen Sie dann wieder los. Wiederholen Sie diese Übung mindestens fünfmal.

Übung: Rund um die Lippe

Die folgenden fünf Schritte können sie auch getrennt voneinander üben.

1 Legen Sie die Fingerkuppen der Zeigefinger an die Mundwinkel unterhalb der Unterlippe. Fühlen Sie die Muskeln an dieser Stelle. Legen Sie Ihre Lippen locker aufeinander. Spannen Sie nun die Muskeln, auf denen Ihre Fingerkuppen aufliegen, langsam an. Sie werden feststellen, dass Ihre Zeigefinger eine leichte Drehbewegung nach außen beschreiben und sich die Haut zwischen Unterlippe und Kinn spannt.
Halten Sie die Spannung drei Sekunden. Nach fünf Sekunden Pause wiederholen Sie die Übung. Achten Sie in zentrierter Haltung auf den Fluss Ihres Atems.

2 Rutschen Sie mit Ihren Fingerkuppen nach unten zum Kinn. Fühlen Sie die Muskeln und spannen Sie sie langsam an. Sie werden feststellen, dass sich die Haut zwischen Unterlippe und Kinn – stärker als bei Schritt 1 – spannt. Ihre Mundwinkel werden sich dabei leicht nach oben bewegen. Wiederholen Sie dies dreimal mit jeweils fünf Sekunden Pause.

3 Legen Sie nun die Fingerkuppe Ihres rechten Zeigefingers leicht unter die

Mitte Ihrer Unterlippe. Spannen Sie den darunter liegenden Muskel. Aktivieren Sie diesen Muskel drei Sekunden lang. Wiederholen Sie dies dreimal mit jeweils fünf Sekunden Pause.

4 Legen Sie nun die Fingerkuppen Ihrer Zeigefinger neben Ihre Mundwinkel. Spannen Sie die Muskeln in diesem Bereich an. Halten Sie sie drei Sekunden lang gespannt. Wiederholen Sie diesen Schritt dreimal mit jeweils fünf Sekunden Pause. Achten Sie dabei auf die Muskeln um Ihren Kehlkopf. Entspannen Sie sie bewusst, falls Sie eine gleichzeitige Anspannung im Kehlkopf oder oberhalb des Kehlkopfs empfinden.

5 Legen Sie die Fingerkuppen Ihrer Zeigefinger in die Mulden neben Ihren Nasenflügeln. Erhöhen Sie fast unmerklich die Spannung der Muskeln dort. Ihre Fingerkuppen werden sich anheben. Führen Sie diese Übung in Zeitlupe durch. Halten Sie die Spannung drei Sekunden, bevor Sie sie wieder loslassen. Wiederholen Sie auch diesen Schritt dreimal.

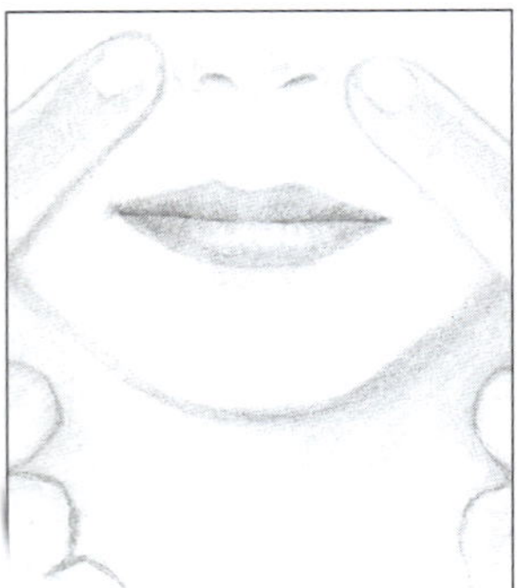

Führen Sie die gleiche Übung ohne Berührung durch. Fühlen Sie, wie sie diese Muskeln bei einem charmanten Lächeln unterstützen. Ihre Augen werden dabei von ganz alleine strahlen.

Übung: Durch die Haut atmen

Stellen Sie sich vor, Sie würden die Atemluft beim Ausatmen

durch Ihr Gesicht fließen lassen. Stellen Sie sich vor, Ihr Atem würde durch jede Pore Ihres Gesichts austreten. Beobachten Sie Ihr Gesicht im Spiegel. Sie können jeden Gesichtsausdruck „halten“, wenn Sie auf diese Weise „in ihn hineinatmen“. Verwenden Sie diese Technik, um Ihr Gesicht zu entspannen.

Übung: Schau mir in die Augen, Kleines!

1 Schauen Sie in einen Spiegel und betrachten Sie sich selbst. Schauen Sie sich in die Augen. Fühlen Sie eine Anspannung in Ihren Augen? Sind Ihre Augen nur müde oder chronisch angestrengt? Wenn Sie die Augen schließen, können Sie die Anspannung Ihrer hinteren Augenmuskeln fühlen. Halten Sie Ihre Augen so lange geschlossen, bis sich die Spannung etwas zu lösen beginnt. Vielleicht hilft es Ihnen, wenn Sie diese Sequenz zu Beginn in einem abgedunkelten Raum durchführen.

2 Versuchen Sie sich nun aus einiger Entfernung zu betrachten. Sie erweitern dadurch Ihren Betrachtungswinkel, es treten mehr Informationen in Ihr Bewusstsein. Schließen Sie nun wie in Schritt 1 wieder Ihre Augen.

3 Öffnen Sie nach einiger Zeit Ihre Augen langsam. Betrachten Sie sich entspannt: Lassen Sie Ihr Gesicht als Ganzes auf sich wirken, bevor Sie sich die Einzelheiten und Details dieses Wunderwerks genauer ansehen. Sie werden sehen: Je vertrauter Sie mit Ihrem Spiegelbild werden, je liebevoller Sie in Ihrem Gesicht lesen, desto besser fühlen Sie sich. Körpersprache und Gesichtsausdruck werden den Botschaften immer näher kommen, die Sie verbal vermitteln.

Ihr gestisches Spiel

„Es ist schwieriger vorhandene Gefühle zu verbergen, als nicht vorhandene vorzutäuschen." *La Rochefoucauld*

Wir wissen nicht genau warum, spüren aber doch, dass unser Gesprächspartner etwas anderes sagt, als er meint. Woher kommen solche Eindrücke? – In der Regel entstehen sie dann, wenn Körpersprache und Worte nicht übereinstimmen.

Beispiel
Stellen Sie sich einen Moderator vor, der nach einer Podiumsdiskussion das Publikum auffordert Fragen zu stellen. Einmal öffnet er dabei lächelnd die Arme, blickt ins Publikum und macht eine auffordernde Handbewegung. Ein anderes Mal lehnt er sich im Stuhl zurück, hält den Blick auf die Tischplatte gesenkt und die Arme verschränkt. Im ersten Fall wird das Publikum seine Aufforderung annehmen können, eine rege Diskussion wird sich anschließen. Im zweiten Fall wird es dem Moderator unterstellen, er wolle lieber keine Fragen mehr, sondern möglichst schnell nach Hause. Kaum ein Zuhörer wird es wagen noch Fragen zu stellen.

Interpretationen dieser Art müssen wir nicht lernen. Wir sind vielmehr darauf programmiert, solche Botschaften wahrzunehmen.

Wie Sie mit dem Körper sprechen

Körpersprache ist ein grundlegendes und wesentliches Mittel der Kommunikation, das wir nicht unterschätzen sollten. Dadurch vermitteln wir unserem Gegenüber die entscheidenden Botschaften. Wir drücken immer unsere inneren Haltungen und Gefühle über unsere Körpersprache aus und können zumindest die Basisinformationen in der Körpersprache anderer im Gespräch unglaublich schnell und sicher – wenn auch meist unbewußt– entschlüsseln. Interessant ist, wie sich im Laufe der Evolutionsgeschichte unsere Mimik und Gestik immer weiter verfeinert haben.

Vorsicht vor bewusst eingesetzter Gestik

Sobald Sie Ihre Gestik bewusst einsetzen wollen, wirkt sie unnatürlich. Der Eindruck, den Sie damit bei Ihrem Gegenüber auslösen, lautet: „Irgendetwas will er mir doch verbergen. Hier stimmt doch etwas nicht." Sie erreichen damit, dass der andere sich zurückzieht. Ausladende und übertrieben schauspielerische Gesten sind allenfalls bei einem Vortrag oder einer Rede vor größerem Publikum angemessen.

Beobachten Sie die Gestik anderer

Achten Sie bewusst auf die Gestik Ihrer Gesprächspartner. Versuchen Sie, sich klar zu machen, warum Ihr Gegenüber so auf Sie wirkt, wie er es tut und nicht anders. Eine abgehackte, hektische Gestik, die nicht fließend verläuft, gibt möglicherweise Aufschluss über den Grad der inneren Unausgeglichenheit eines Menschen. So können Sie von anderen lernen.

Wohin weisen die Hände?

Neben dem Kopf, den Armen, dem Oberkörper, den Schultern spielen die Hände *die* zentrale Rolle für den körpersprachlichen Ausdruck. In welche Richtung zeigen Ihre Hände oder die eines Gesprächspartners oder Redners? Nach außen, nach innen oder gleichermaßen in beide Richtungen? Werden die Arme und Hände vornehmlich vom Körper weg oder auf ihn zu bewegt? Welche Formen beschreiben die Hände? Welche Geschichten erzählen sie?

Beobachten Sie, ob Sie selbst oder andere ihre Hände einsetzen, um ihre Gesprächspartner mit ihren Botschaften zu „durchdringen", ihnen zusätzliche Kraft zu verleihen, die sie nur durch Worte niemals erreichen würden, oder ob ihre Hände ihre Worte auf der nonverbalen Ebene stimmig unterstützen.

Wie Sie sich vorstellen können, ist eine auffallende Überbetonung in die eine oder andere Richtung Ausdruck fehlender Balance in Ihrem Vortrag.

So wirkt Ihre Gestik natürlich

Patentrezepte für die richtige Gestik gibt es nicht. Wer entspannt ist und mit sich selbst im Reinen, braucht keine Regeln. Er muss sich an keine erlernten Posen oder Ausdrucksmuster erinnern, um sie nachzuspielen. Das Wichtigste ist, dass Sie sich von dem Druck befreien, immer alles richtig machen zu müssen. Verlassen Sie sich ruhig auf Ihre Intuition. Eine natürliche Gestik unterstreicht, was Sie gerade sagen und fühlen, ganz selbstverständlich, von innen heraus: Ob Sie etwas mit Nachdruck forcieren, ob Sie unsicher oder souverän sind. Das ständige Herumkorrigieren an der eigenen Person macht Sie nur unsicher. Sie verlieren Ihren natürlichen Instinkt.

Eine unverfälschte Gestik, die Ihnen Präsenz und Ihren Worten Nachdruck verleiht, ruht auf folgenden Säulen:

- einer entspannten, zentrierten Körperhaltung, wie wir Sie oben beschrieben haben,
- einem bewussten Gefühl für Ihren Atem und Ihren Herzschlag,
- einer positiven Haltung sich selbst und dem eigenen Körper gegenüber,
- einem Vertrauen auf Ihre Worte, an denen Ihre Gestik sich orientieren darf.

So wird Ihr gestisches Spiel zu einer authentischen und kraftvollen Unterstützung Ihrer Botschaften. Ihre Gestik wird das, was Sie vermitteln wollen, weder verzerren noch wird sie Ihre Zuhörer ablenken oder gar auf eine falsche Fährte locken.

Nicht authentische Gewohnheiten loswerden

Was ist mit all den nicht authentischen Gewohnheiten, die andere verwirren können, die wir selbst jedoch gar nicht wahrnehmen? Angewohnheiten, die dem widersprechen, was wir eigentlich ausdrücken möchten. Wie werden wir sie los?

Die einfachste Methode ist die Selbstbetrachtung. In meinen Seminaren verwende ich hierzu Foto- und Videodokumentationen. Sie selbst sind Ihr bester Kritiker. Wenn Sie sich auf einem Video – möglichst ohne Ton – sehen, erkennen Sie, wo Ihr körpersprachliches Verhalten nicht zu Ihren Worten gepasst hat. Dies führt oft zu einem regelrechten Aha-Erlebnis à la: „Ja klar, wenn ich ständig mit den Händen ringe, würde ich mir auch nicht vertrauen." Solche Einsichten reichen aus, um über die weiteren Monate hinweg das Vertrauen in Ihre Selbstwahrnehmung zu stärken und immer sicherer, ohne dass Sie irgendwelche Regeln auswendig lernen und beachten müssten, intuitiv zu handeln. Videoaufzeichnungen machen darüber hinaus deutlich, wie es um den eigenen Selbstwert bestellt ist. Akzeptiere ich mich so, wie ich bin?

■ *Ein niedriger Selbstwert ist ein Ausstrahlungskiller.* ■

Mit den folgenden Übungen können Sie erreichen, dass Ihre Gestik zu einem natürlichen Ausdruck Ihrer Gefühle wird und sich Ihr Selbstwertgefühl darüber aufbaut.

Übungen: Natürliche Gestik

Die folgenden Armübungen haben einen doppelten Nutzen für Sie. Zum einen erfahren Sie, wie Sie Ihre Arme in verschiedenen Positionen entspannt ablegen oder fallen lassen können. Zum anderen, wie Sie so gestikulieren, dass Sie eine klare und souveräne Ausstrahlung haben.

Übung: „Der Schmetterling"

1 Begeben Sie sich wieder in eine zentrierte, balancierte Sitzhaltung (die wichtigsten Stichworte zur Erinnerung: Sitzhöcker und Lendenwirbelsäule!). Fühlen Sie Ihren Atem und Herzschlag.

2 Heben Sie nun beide Arme gleichzeitig und möglichst langsam seitlich an, ohne die Ellenbogen ganz durchzustrecken, so weit, bis Sie eine starke Spannung im Bereich

der Schulterblätter fühlen. Halten Sie Ihre Arme etwa drei Sekunden in dieser Position. Lassen Sie sie dann unvermittelt fallen. Spüren Sie das Gewicht Ihrer Arme. Achten Sie darauf, dass Ihr Atemfluss nie unterbrochen wird.

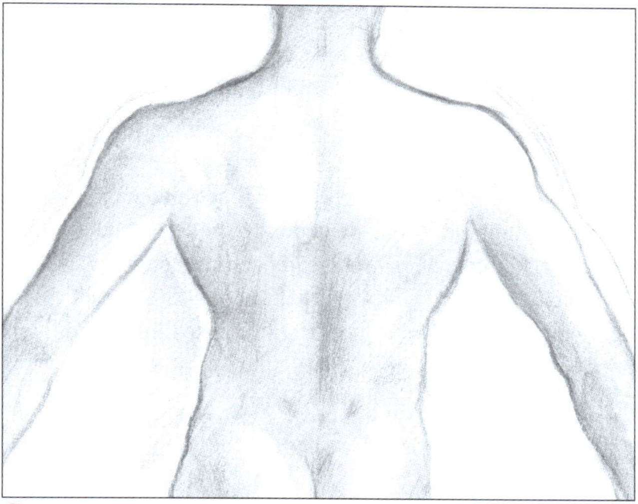

3 Heben Sie nun Ihre Arme ein weiteres Mal an, bis Sie wieder an den Punkt gelangen, wo die Spannung im Bereich der Schulterblätter plötzlich wesentlich zunimmt. Spielen Sie nun analog zu den Ihnen bereits bekannten Übungen mit diesem Grenzbereich. Tasten Sie sich langsam von unten an diesen Punkt heran. Auf diese Weise finden Sie die Position, wo Sie nur ein Minimum an Muskelkraft aufwenden müssen, um Ihre Arme zu halten. Halten Sie Ihre Arme etwa drei Sekunden in dieser Position. Lassen Sie sie dann wieder fallen.

4 Wiederholen Sie nach etwa fünf Sekunden die Übung noch einmal, nur mit dem Unterschied, dass Sie zum Abschluss Ihre Unterarme nach vorne in Richtung Körpermitte bewegen. Führen Sie die Unterarme vor dem Körper übereinander und bleiben Sie drei Sekunden in dieser Position. Lassen Sie Ihre Arme nun wieder nach unten fallen. Ihre Arme müssten auf den Oberschenkeln aufkommen.

Diese Übung zeigt Ihnen, wie Sie im Sitzen weit gefasst gestikulieren können, ohne dass Ihre ausladenden Gesten überzogen wirken – egal ob Sie vor einem Tisch sitzen oder frei im Raum. Solange sich Ihre Bewegungen innerhalb der in der Übung erfahrenen Spannungsgrenzen befinden, wirkt ihr Ausdruck entspannt und natürlich. Sobald Sie diesen Punkt aber überschreiten, wirkt Ihre Gestik angespannt oder gar unnatürlich.

■ *Diese einfache Übung kann Ihnen helfen, um bei längerem Sitzen an einem Schreib- oder Besprechungstisch entspannt zu bleiben.* ■

Übung: „Baggerschaufel"

1 Sie befinden sich in der zentrierten Sitzhaltung. Ihre Unterarme liegen auf den Oberschenkeln. Drehen Sie die Arme so, dass die Handinnenflächen nach oben zeigen. Heben Sie nun analog zur vorherigen Übung Ihre Unterarme in Zeitlupentempo, wie ein Bagger seine Schaufel, so langsam wie möglich an.

2 Achten Sie auch hier auf *den* Punkt, wo Ihr Bizeps plötzlich wesentlich mehr Kraft aufwenden müsste, um das Gewicht Ihrer Unterarme noch weiter nach oben zu heben.

Ihre Unterarmmuskulatur sollte dabei vollkommen entspannt sein. Am einfachsten erkennen Sie dies daran, dass Ihre Hände während der Bewegung nach unten hängen.

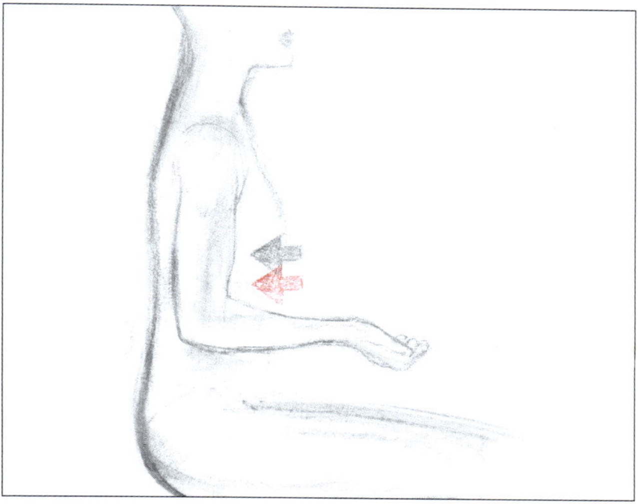

3 Halten Sie Ihre Unterarme etwa drei Sekunden an diesem Punkt. Lassen Sie sie dann wieder auf Ihre Oberschenkel fallen.

4 Wiederholen Sie diese Übung nach etwa fünf Sekunden Pause und spielen Sie wieder mit diesem Punkt.

Auch in dieser Übung beschreibt der Punkt der bei weiterer Bewegung sich plötzlich sprunghaft erhöhenden Muskelspannung (= Spannungspunkt) die Grenze einer natürlich wirkenden Gestik.

Übung: „Willkommensgruß"

1 Strecken Sie Ihre Arme nahezu parallel nach vorne. So als wollten Sie jemandem entgegengehen, den Sie herzlich willkommen heißen wollen. Lassen Sie Ihre Hände dabei ganz locker.

2 Fühlen Sie auch in dieser Bewegung den Spannungspunkt im Muskel. Er liegt bei dieser Bewegung am oberen Ende des Bizeps (dem vorderen Oberarmmuskel) und im Trizeps (dem hinteren Oberarmmuskel.

3 Tasten Sie sich Millimeter für Millimeter an diesen Punkt heran, während Ihre Atmung weiter fließt. Nehmen Sie nach etwa drei Sekunden Ihre Unterarme wieder zurück und lassen Sie sie auf Ihre Oberschenkel fallen.

Solange Sie innerhalb der Ihnen mittlerweile bekannten Spannungsgrenze bleiben, wirkt Ihre Geste bei geöffneten Handflächen tatsächlich einladend. Überschreiten Sie diese Grenze, wirkt die gleiche Gebärde nicht mehr einladend, sondern fordernd, manchmal sogar bettelnd.

Test

Machen Sie daraus ein kleines Spiel. Laden Sie sich Freunde ein und testen Sie es einmal miteinander. Sie werden erkennen, wie schnell sich die Ausstrahlung eines anderen Menschen bei dieser Geste von einer einladenden in eine fordernde oder bettelnde wandelt.

Die gleiche Bewegung verwenden wir auch häufig zur nonverbalen Unterstützung von Fragen. Zum Beispiel, wenn Sie einen Workshop moderieren. „Meinen Sie das auch wirklich so, Herr Kollege?" „Sind Sie davon überzeugt?" Auch hier würde eine Überdehnung unglücklich wirken, wie eine Forderung oder ein Unter-Druck-Setzen Ihres Gegenübers.

Wiederholen Sie nun noch einmal die Übung „Der Schmetterling“ (siehe Seite 98).

Übung: „Film ab!“

Für diese Übung benötigen Sie eine Videokamera oder Webcam. Auch wenn Ihnen das Gefilmtwerden, wie den meisten Menschen, unangenehm ist – lassen Sie sich darauf ein! Wenn Sie Ihre Ausstrahlung wirklich verbessern wollen, ist dies eine der effektivsten Übungen.

1 Platzieren Sie zu Hause eine Videokamera oder Webcam so, dass Ihr Oberkörper im Bild ist.

2 Beginnen Sie diese Übung in einer zentrierten, aufrechten Haltung und achten Sie vor Beginn der Aufzeichnung auf Anspannungen in Ihrem Körper – vor allem im Schulterbereich, in den Armen und Händen.

3 Lassen Sie Ihre Hände locker hängen und entspannen Sie sich. Besinnen Sie sich auf Ihre Mitte. Vielleicht hilft es Ihnen, wenn Sie Ihre Hände dazu kurz auf den Bauch unterhalb des Nabels legen.

4 Erzählen Sie der Kamera nun eine kleine Geschichte. Zum Beispiel von Ihrem Arbeitsweg heute morgen, vom Frühstück mit der Tochter oder von Ihrem letzten Urlaub. Eine Minute reicht schon.

5 Schauen Sie sich anschließend in einem ersten Durchlauf die Aufzeichnung ohne Ton an. Achten Sie nur auf Ihre

Körpersprache. Fragen Sie sich: Wenn dieser Mensch auf der Mattscheibe mein Seminarteilnehmer wäre, was würde ich ihm raten? Versuchen Sie, sich so neutral wie möglich zu betrachten. Empfinden Sie unabhängig vom Inhalt dessen, was Ihnen dieser Mensch gerade erzählt. Notieren Sie Ihren Eindruck.

6 Vergleichen Sie dies nun mit dem, was Sie mit Worten zum Ausdruck gebracht haben. Unterstützte Ihre Gestik den Inhalt Ihrer Geschichte oder führte sie den Betrachter auf eine falsche Fährte?

7 Schauen Sie sich die Aufzeichnung ein zweites Mal an. Jetzt mit Ton. Fragen Sie sich wieder: Wenn das mein Seminarteilnehmer wäre, was würde ich ihm raten, was vermittelt er mir? Wirkt er überzeichnet, selbstsicher oder genervt, gereizt oder getrieben, unsicher oder präsent? Kommen seine Bewegungen aus einer tiefen inneren Balance? Ist sein Auftritt in sich stimmig?

Verurteilen Sie sich nicht, wenn Sie etwas Unangenehmes oder Negatives feststellen. Es wird Ihnen helfen, sich einmal als neutraler Beobachter gesehen zu haben, und Sie leichter wieder zu einem natürlichen Ausdruck führen. Auf keinen Fall dürfen Sie einen angestrengten Kampf gegen das vermeintliche Übel beginnen! Das würde Ihre Unsicherheiten nur verstärken. Sie bewirken mehr, wenn Sie mit einem entspannten „Aha, interessant, so wirke ich also!" reagieren. Vertrauen Sie auf Ihre natürlichen Selbstheilungskräfte.

Wie Sie auf andere wirken

Selbstzweifel und Unsicherheiten müssen nicht sein – wenn Sie lernen, mit Fremd- und Selbstbild souveräner umzugehen, werden Sie leichter zu einer positiven Ausstrahlung kommen.

Selbst- und Fremdbild in Übereinstimmung bringen

Nichts beschäftigt uns so sehr, wie das, was andere von uns denken könnten, was sie von uns halten, wie sie uns einschätzen. Ein Vorstellungsgespräch ist eine Extremsituation in dieser Hinsicht. Doch auch im Berufsalltag fragen wir uns manchmal, wie wir auf andere wirken. Unsere Unsicherheit rührt daher, dass unsere Selbstwahrnehmung nicht selten von dem abweicht, wie andere uns sehen und empfinden.

Wie wir wirken

Unsere Ausstrahlung setzt sich aus bewussten und aus unbewussten Elementen unseres Wesens zusammen. Sicher haben Sie das selbst schon erfahren.

Beispiel
Sie leiten eine Projektgruppe und sehen immer mehr Probleme. Sie werden zunehmend unsicher und fragen sich, ob das Projekt überhaupt Zukunft hat. Niemand in Ihrem Umfeld bemerkt etwas davon, im Gegenteil, alle bewundern Ihr zielstrebiges Vorgehen. Als Sie endlich mit einem befreundeten Kollegen darüber sprechen, was in Ihnen vorgeht, versichert er, dass Sie stets nur Positives im Zusammenhang mit dem Projekt ausstrahlen. Tatsächlich haben Sie es nie wirklich in Frage gestellt, sie hatten lediglich Angst, den hoch geschraubten Erwartungen nicht gerecht werden zu können. Ihr tief sitzender Glaube an den Sinn des Projekts, der für Sie bewusst gar nicht zugänglich war, hat Ihnen zu dieser Ausstrahlung verholfen.

Oft arbeiten uns unbewusste Verhaltensmuster nicht immer, wie in diesem Beispiel, für uns. Oft verstehen wir nicht, warum andere unsere eigentlichen Gedanken nicht erfassen, weil uns nicht bewusst ist, dass wir widersprüchliche Botschaften aussenden. Selbst- und Fremdbild klaffen oft viel weiter auseinander, als wir dies für möglich halten. Worin sie sich unterscheiden ist nicht immer leicht herauszufiltern.

Warum schätzen wir uns anders ein als andere?

Woran liegt diese Differenz zwischen Selbst- und Fremdbild? Warum wissen wir nicht, wie andere uns wahrnehmen? – Eine mögliche Antwort liegt in unserer Sozialisation. Wir sind von klein auf trainiert worden, unsere Aufmerksamkeit nicht nach innen, sondern nach außen zu richten, um Meinungen, Regeln, Normen, Erwartungen und Hoffnungen anderer zu erfüllen. Gelingt uns das, werden wir belohnt, scheitern wir damit, werden wir bestraft und verlieren etwas.

Die Umwelt als das Maß der Dinge

Deshalb bilden wir in unserem Verstand eine Art Scanner aus, der pausenlos aktiv ist und nach äußeren Anzeichen sucht, ob uns andere anerkennen oder nicht, ob wir mit unserem Verhalten richtig liegen oder nicht. Dieser Mechanismus ist zunächst, vor allem in der frühen Kindheit, überlebensnotwendig.

Gefährlich wird es, wenn er sich später verselbstständigt und sich das Zentrum unserer Wahrnehmung dabei mehr und mehr nach außen verschiebt. Wenn wir uns unbewusst ausschließlich an den Erwartungen anderer ausrichten, fast zwanghaft versuchen, es anderen recht zu machen, um akzeptiert zu werden, dann besteht die Gefahr, dass wir uns selbst verlieren. Wir entwerfen ein Bild von uns, das möglichst genau den Bedürfnissen unserer Mitwelt angepasst ist, weil wir unbewusst der Überzeugung sind, dass wir nur dann anerkannt, geschätzt, respektiert und geliebt würden.

Das Ich als Wunschbild

Die Vorstellung, wer wir gerne wären, wird dann zum einzigen Maß der Dinge, und wir leben irgendwann in einer Scheinrealität. Die Selbstwahrnehmung passt sich den Wünschen unseres Ego an, nicht aber unserer wahren Identität. Dieser Mechanismus führt dazu, dass sich Selbst- und Fremdwahrnehmung immer weiter voneinander unterscheiden. Die übertriebene Angst vor Videoaufzeichnungen und Fotoaufnahmen ist häufig ein Hinweis darauf. Wir haben letztlich nur Angst davor, dass die „Lüge" auffliegt, dass das Selbstbild der eigenen Identität nicht oder nur teilweise entspricht: Wir sind in unseren eigenen Projektionen gefangen.

Um keine Missverständnisse aufkommen zu lassen: Wunschbilder können auch eine positive Motivation für Veränderungen sein. Die Frage ist, woher diese Wünsche kommen. Sind Sie ein positives Ziel, das zu uns passt, oder ein Ziel, das von unserem Ego oder von außen an uns herangetragen wurde, und dem wir nun, koste es, was es wolle, zu entsprechen suchen. „Ist ja gut und schön", werden Sie nun vielleicht fragen, „aber wie soll ich das unterscheiden?"

Mehr Bedeutung den eigenen Gefühlen

Darauf gibt es eine Antwort. Wenn es uns gelingt die einseitige Priorität, die wir gelernt haben unserem Verstand einzuräumen, etwas aufzubrechen und unsere Gefühle als Teil unserer Wirklichkeit anzuerkennen, wissen wir fast automatisch, was zu uns passt oder nicht. Wir spüren es einfach. Dieses Gespür gilt es wieder freizulegen. Ziel dabei ist, unseren Gefühlen ebenso viel Wirklichkeitsbezug zuzutrauen wie unserer Ratio. Das macht uns freier und offener, denn wir unterdrücken keinen Teil unserer Wahrnehmung mehr. Das spielt für eine adäquate Selbstwahrnehmung wie für eine stimmige Wahrnehmung anderer eine bedeutende Rolle. Vielleicht können Sie die folgenden Bemerkungen überzeugen, dass der Gefühlswelt nicht weniger Platz einzuräumen ist, als der Verstandeswelt.

Ratio gegen Emotion?

Die Kultur der westlichen Welt hat uns gelehrt, Gefühlen zu misstrauen und allein den rationalen, analytischen Verstand als Maß für richtig und falsch zu akzeptieren. Trotzdem die neuere Hirnforschung bewiesen hat, dass der Anteil unserer Gefühle an Entscheidungsprozessen bedeutend höher ist, als der Anteil der Ratio, beharren wir auf unseren Vorbehalten gegenüber der Welt der Intuition. Dabei ist unser Verstand ein höchst konservativer Kamerad. Er schafft aus unseren individuellen Erfahrungen, unserem Faktenwissen und den durch die Familie weitergegebenen Verhaltensmustern emotionale Überlebensstrategien nach dem Prinzip der Unlustvermeidung. Alles, was bedrohlich ist oder zu seelischen wie körperlichen Schmerzen führen *könnte*, vermeiden wir meist unbewusst – ohne zu wissen, ob dies jemals eintritt.

Wie sich Verhaltensmuster entwickeln

Der Verstand reagiert auf negative Erfahrungen und leitet daraus Muster für unser Handeln ab, die uns erneute Misserfolge ersparen sollen. Die Möglichkeit positiver Ergebnisse aus demselben Verhalten zieht unser Verstand in der Regel nicht in Betracht – doch damit wird unser Handlungspotenzial eingeschränkt und unser Selbstvertrauen geschwächt.

Diese Funktionsweise unseres Verstandes sollten wir kennen. Wir sollten sie jedoch nicht einfach vermeiden, denn zum einen wären wir dann nur mit negativen Vorzeichen wieder in unserem Verstand gefangen, zum anderen ist dieses Verhalten auch die Basis für unsere Überlebensfähigkeit – wir würden sonst noch im Alter von 30 Jahren immer neu ausprobieren, ob es weh tut, ins Feuer zu greifen.

Die Kenntnis dieser Funktionsweise unseres Verstandes kann jedoch sinnvolle Korrekturbewegungen einleiten. Denn diese Mechanismen bildeten sich im Lauf der Evolution heraus; heute aber geraten wir in unserer komplexen Welt an ganz andere Realitäten, in denen ein solches Verhalten nicht immer das erfolgreichere ist.

Neue Impulse setzen

Hier kommt unsere experimentelle und kreative Seite ins Spiel. Nur wenn wir Neues ausprobieren, können wir unsere Realitätswahrnehmung erweitern. Die Visionäre unserer Zeit haben genau diese Fähigkeit. Sie lassen verschiedene Impulse zum Zug kommen. Den Verstand nutzen sie, um ihre Ideen minutiös umzusetzen, mit der Gefühlsseite aber erspüren sie neue Trends und ungeahnte Möglichkeiten.

Auch wenn die Unterscheidung zwischen Ratio und Gefühlswelt mit der Funktionalität unseres Gehirns wenig zu tun hat – wie wir heute wissen –, für die Praxis kann sie für uns dennoch hilfreich sein, da sie unserem subjektiven Erleben entspricht. In diesem Sinne können wir nur wieder und wieder dafür plädieren: Räumen Sie dem, was Sie fühlen mehr Raum ein, lassen Sie Ihre Gefühle in Ihr Bewusstsein treten und nutzen Sie Ihren Verstand, Ihre Visionen und Eingebungen in die Tat umzusetzen. Jeder, der Gefühls- und Verstandeswelt nicht gegeneinander ausspielt, hat das Zeug zum Visionär!

Wie gehen Sie mit sich um?

Noch einmal zurück zu Ihrer Selbstwahrnehmung. Die Wahrscheinlichkeit, dass unsere Selbstwahrnehmung einigemaßen realistisch ist, lässt sich mitunter daran erkennen, wie wir mit uns selbst umgehen.

Beispiel

Sie haben vielleicht einen solchen Kollegen in Ihrem Betrieb: Er sitzt schon frühmorgens am Schreibtisch, ist ständig in Hektik und überarbeitet, rennt nur durch die Gänge. Wenn man mit ihm spricht, tastet er ständig das Umfeld mit den Augen ab, ist mit Gedanken stets schon wieder beim nächsten Problem und hört nie richtig zu. Dadurch prallen wichtige Informationen an ihm einfach ab, die ihm aber überflüssige Aktivitäten erspart hätten. Irgendwann geht seine Ehe kaputt, weil er auch für seine Familie nie Zeit hatte. Er hat sich ja ohnehin schon alle Beine ausgerissen, wie hätte er das denn alles schaffen sollen?

Für Sie als Außenstehenden ist das Problem klar: Er hätte nur mal „runterkommen" müssen, sich einfach auf die Dinge, die er gerade tut, und nicht immer auf alles gleichzeitig einlassen müssen. So hätte er Ruhe in die Sache gebracht, hätte Prioritäten setzen können und Zeit gewonnen. Die Selbstwahrnehmung Ihres Kollegen aber sieht sicherlich völlig anders aus. Er denkt, er allein schufte sich hier für alle kaputt, nur er sehe auch die zukünftigen Probleme und die anderen legten ihm auch noch Steine in den Weg. Statt auf Verständnis zu treffen, stößt er nur auf weitere Hindernisse.

Solche Menschen bewegen sich permanent im „roten Drehzahlbereich", überfordern sich ständig und fragen nicht mehr nach eigenen Bedürfnissen. Auf diese Weise verlieren sie das Gespür für und den Kontakt zu sich selbst. Die Fähigkeit, sich selbst wahrzunehmen und vor allem auf diese Wahrnehmung entsprechend zu reagieren, kommt dabei abhanden. So gesehen ist die Differenz von Fremd- und Selbstwahrnehmung ein Indikator dafür, wie wir tatsächlich mit uns selbst umgehen.

■ *Je unreflektierter wir mit uns selbst umgehen, je negativer oder übertrieben positiv wir uns beurteilen, desto größer ist die Gefahr, dass wir ein Selbstbild entwickeln, das kaum noch etwas mit unserer Wirklichkeit zu tun hat. Unsere positive Ausstrahlung geht dabei völlig verloren.* ■

Bleiben Sie sich selbst gegenüber ehrlich

Dieses Verhalten hat viel mit mangelnder Selbstachtung zu tun. Betrachten Sie sich selbst positiv und liebevoll oder wenigstens respektvoll und anerkennend. Begreifen Sie Ihre Fehler und Misserfolge als notwendigen Teil Ihrer Entwicklung, ohne ständig auf sich herumzutrampeln. Die Palette der gegen sich selbst gerichteten Verneinungen ist weit gefasst. Sie reicht von stiller, unbewusster Verachtung bis hin zu sarkastischer Selbstironie, die Ihr Innerstes in Frage stellt und schwächt.

Das bedeutet natürlich nicht, dass jede Selbstkritik grundsätzlich unangemessen wäre. Wir haben zu Beginn des Buchs bereits darauf hingewiesen: Wichtig ist das Wie. Wenn Sie sich ohne Distanz und nur auf Basis Ihrer Forderungen an sich selbst beurteilen, werden Sie jede Niederlage als persönlichen Makel verbuchen. Sie entwickeln Aggressionen gegen sich selbst und urteilen sich ab. Dabei entfernen Sie sich immer weiter von sich selbst. Selbstzweifel werden genährt, Ihr Selbstbewusstsein untergraben. Die Folge ist Angst. Angst vor wiederholtem Scheitern. Und die Angst kann wiederum die Angst vor der Angst hervorrufen, mit der Folge, dass Ihr Verstand noch komplexere Vermeidungsstrategien bastelt.

Wo liegen Ihre wahren Bedürfnisse?

Wenn Sie sich dagegen kritisch, aber von neutraler Warte aus betrachten, werden sich Ihnen erstaunliche Einsichten offenbaren. Nur so gelangen Sie zu mehr Selbsterkenntnis und Reife.

Versuchen Sie, sich bewusst zu machen, wie Sie sich wirklich selbst begegnen. Wenn Ihnen dies gelingt, werden Sie auch nachhaltig etwas ändern können. Versuchen Sie, Ihre wahren Bedürfnisse zu fühlen. Trauen Sie sich, Ihre geheimsten Wünsche zu artikulieren und vor sich anzuerkennen. Gehen Sie ehrlich mit sich um – denn so, wie Sie mit sich selbst umgehen, werden auch andere mit Ihnen umgehen!

Sich und anderen souverän begegnen

Im experimentellen Umfeld wirkt immer alles ganz einfach. Da sind wir sicher, dass wir alles im Griff haben, dass wir in uns ruhen und alles souverän meistern können. Doch die Wirklichkeit ist anders. Die Menschen in unserem Umfeld beurteilen uns nicht alle gleich, wir stoßen immer wieder auf Ablehnung, fühlen uns ungerecht behandelt, zweifeln an uns und unseren Fähigkeiten. Wie gehen wir mit solchen Anfechtungen souverän um? – Wesentlich hierbei ist, dass wir solche Angriffe intuitiv richtig verstehen können.

Lassen Sie sich nicht verunsichern

Wir können die Wahrnehmung anderer nicht steuern. Allzu viele Dinge spielen dabei eine Rolle: persönliche Vorlieben und Abneigungen, Vorurteile, vage Verdachtsmomente, schlechte Laune oder mangelnder Schlaf. Vielleicht hat Ihr Gesprächspartner gerade Schmerzen und beurteilt die Welt allein deshalb ganz anders, als wenn es ihm gut geht.

Beispiel

Sie kennen dieses Phänomen vielleicht von sich selbst: Sie treffen den Vertreter einer Zulieferfirma, mit der Ihre Firma eng zusammenarbeitet, nennen wir ihn Herrn Müller. Jemand hat Ihnen erzählt, Herr Müller hätte auf einem Fest den Gastgeber aus nichtigem Anlass angebrüllt und wüst beschimpft. Bei jeder Bemerkung, jeder Geste wird Ihnen nun seine vermeintliche Aggressivität auffallen. Später erfahren Sie, dass von einem ganz anderen Herrn Müller die Rede war.

Solche Brillen haben wir nicht selten auf, wenn wir andere wahrnehmen und beurteilen. Hat jemand uns gegenüber eine solche Brille auf, haben wir kaum eine Chance, seine Wahrnehmung wieder für unser wahres Selbst zu öffnen. Sind wir von der Reaktion anderer abhängig, werden wir extrem unsicher und verlieren gänzlich an Ausstrahlung. Es ist also wichtig, dass Sie sich stets klarmachen, dass jeder anders auf Sie reagiert und dass dahinter Gründe stecken können, die mit Ihnen und Ihrem Auftreten gar nichts zu tun haben müssen.

Versuchen Sie nicht, alle für sich zu gewinnen

Beispiel

Stellen Sie sich vor, Sie wären in einer Firma zu einem Vorstellungsgespräch eingeladen. Es geht um eine relativ hohe Führungsposition. Die vier Unternehmensleiter der Firma sitzen Ihnen gegenüber, während Sie Ihre Strategie präsentieren, mit der Sie in Ihrem neuen Job erfolgreich werden wollen. Sie spüren eine wohlwollende Atmosphäre im Raum, die Sie beflügelt. Mit der Zeit aber merken Sie, dass zwei der Herren zunehmend skeptisch werden, die beiden anderen jedoch nach wie vor auf Ihrer Seite stehen. Sie werden unsicher und versuchen, auch die beiden skeptischen Unternehmensleiter wieder auf Ihre Seite zu ziehen. Die Stimmung schlägt nun jedoch komplett gegen Sie um.

Was ist hier passiert? Sie hatten sich doch schon erfolgreich verkauft? Warum der plötzliche Stimmungsumschwung? – Um es vorweg zu nehmen: Hätten Sie, statt zu versuchen alle vier für sich zu gewinnen, sich darauf konzentriert, die Sympathie der beiden anderen Unternehmensleiter zu behalten, die Ihnen schon sicher war, wäre es nicht zu diesem Desaster gekommen. Von einem größeren Kreis von Menschen können Sie keine hundertprozentige Zustimmung erwarten. Die Gründe für die Ablehnung können dabei, wie wir soeben gesehen haben, vielfältig sein und müssen gar nichts mit Ihrer Person zu tun haben. Dagegen können Sie nichts tun und sollen es auch nicht. Bleiben Sie in solchen Situationen souverän und achten Sie darauf, die bereits gewonnene Sympathie zu halten!

Wie wir andere wahrnehmen

Das intuitive Verstehen von Signalen, das ging aus den Kapiteln zur Körpersprache bereits deutlich hervor, ist eine äußerst komplexe Angelegenheit. Nicht nur deshalb sollten wir vorsichtig sein, andere voreilig in Schubladen zu stecken. Unsere Umwelt, unsere Kultur, unsere Familie und individuellen Erfahrungen prägen unsere Interpretation der Welt sehr stark – bei jedem Einzelnen von uns in anderer Weise. Wir verknüpfen vielleicht Dinge miteinander, die unserer Erfahrung nach immer zusammen aufgetreten sind – doch müssen sie deshalb tatsächlich miteinander zu tun haben?

Beispiel

Sie sind zu einer Vernissage eingeladen und gehen ohne rechte Lust dorthin. Mit moderner Kunst können Sie eigentlich nichts anfangen und von der Arroganz der dazugehörigen Künstler hatten Sie in Ihrem Leben schon genug. Mit einem Glas Wein in der Hand beobachten Sie die Gäste. Ein ganz in schwarz gekleideter Herr mit übertriebener Gestik ist wohl der

Künstler. Da zieht ein junger, recht normal aussehender Mann in Jeans und einem Cellokasten auf dem Rücken Ihre Blicke an. Er blickt suchend um sich. Sie sprechen ihn freudig an und hoffen auf ein interessantes Gespräch unter Gleichgesinnten. Immerhin kennen Sie nur nette Cellisten. Er benimmt sich jedoch in geradezu unverschämter Weise ablehnend.

Das Beispiel zeigt, dass uns persönliche Erfahrungen oft zu falschen Schlüssen verleiten: Jeans auf einer Vernissage, das bedeutet locker und nicht eitel, und das Cello ist in Ihrer Welt ohnehin positiv besetzt – denn Sie selbst spielen Cello. Andere Signale haben Sie gar nicht mehr wahrgenommen.

Erweitern Sie Ihre Wahrnehmung

Solche Vorurteile beruhen auf einem Mechanismus unseres Verstandes, der von Moment zu Moment automatisch abgespeicherte Rückschlüsse aus vergangenen Erfahrungen in die Gegenwart projeziert – über dieses lineare Ableiten von Verhaltensmustern sprachen wir schon (siehe Seite 110). Wir können uns diesen Automatismus nicht oft genug bewusst machen. Vorallem damit wir unseren eigenen Verstrickungen und Vorurteilen nicht zum Opfer fallen und unsere offene Weltsicht nicht verlieren.

Verschränkte Arme müssen nicht unbedingt gleich Ablehnung bedeuten. Vielleicht ist es ja lediglich ein Ausdruck von Entspanntheit oder eine bloße Angewohnheit unseres Gegenübers. Vielleicht spricht jemand nicht deshalb leise, weil er Angst hat oder selbst nicht glaubt, was er sagt, sondern weil er ein ausgeglichener, in sich ruhender Mensch ist, der es schlicht nicht nötig hat, laut zu sprechen. Vielleicht tritt jemand nicht von einem Bein auf das andere, weil er nichts wie weg will und Sie unsympathisch findet, sondern weil er Rückenschmerzen hat und das Stehen ihm Probleme bereitet und so weiter.

Schärfen Sie Ihren Blick

Es ist wichtig, dass Sie andere sehr klar und soweit wie möglich unabhängig von Ihren Vorurteilen und Vorstellungen betrachten, dass Sie Ihnen mit Ihrem Herzen zuhören und zuerst die Fülle der Verhaltensweisen auf sich wirken lassen, bevor Sie zu Ihrer Meinung kommen.

Nehmen Sie sich einmal vor, eine Woche lang einer bestimmten Person in Ihrem Umfeld Ihre echte Aufmerksamkeit zu schenken. Die Beschränkung auf zunächst eine Person ist wichtig, denn sonst verzetteln Sie sich und fallen zu schnell in alte Muster zurück. Achten Sie dabei auf Folgendes:

- Lassen Sie sich auf alle Gespräche mit dieser Person wirklich ein.
- Hören Sie konzentriert zu.
- Beachten Sie ihre körpersprachlichen Signale.
- Sehen Sie die Person jeden Tag aufmerksam an (Kleidung, Gesichtsfarbe usw.).

Sie können auch mit einem Freund oder einer Kollegin ausmachen, diese Beobachtung wechselseitig vorzunehmen. Machen Sie sich dazu Notizen und tauschen Sie Ihre Erfahrungen aus. Das schärft Ihre Wahrnehmung zusätzlich.

Solche Übungen können Sie unterstützen, sich selbst und anderen wieder die nötige Aufmerksamkeit zu schenken. Ihrer

Ausstrahlung wird das nützen, denn Ihre Mitmenschen spüren Ihr echtes Interesse und Ihre Offenheit.

Andere Länder – andere Sitten

Nicht nur unsere individuellen Erfahrungen, auch die Kultur, in der wir aufgewachsen sind, verpasst uns eine Brille, durch die wir die Welt betrachten. Schon innerhalb Europas können solche Differenzen die Verständigung erschweren: Denken Sie nur daran, dass man in Bulgarien den Kopf schüttelt, um eine Aussage zu bestätigen. Das kann höchst verwirrend sein, wenn man mit derselben Geste Ablehnung verbindet. Dabei ist es in unserer globalisierten Geschäftswelt heute wichtiger denn je, nicht in solche kulturellen Fallen zu tappen.

Der Individualabstand ist kulturell geprägt!

Welche körperliche Distanz von unserem Gegenüber wir im Gespräch als angenehm oder unangenehm empfinden ist nicht etwa allgemein menschlich, sondern kulturell geprägt. Dies ist besonders gefährlich, denn die Verletzung unseres Individualabstandes empfinden wir als bedrohlich. Ein Gesprächspartner, der uns ständig zu nah auf die Pelle rückt, ist uns unsympathisch – eine fatale Wirkung!

Beispiel

In Amerika und im nördlichen Europa ist den Menschen in der Regel ein Abstand von etwa einem Meter zwanzig angenehm, in arabischen Ländern und im südlichen Europa kann der als angenehm empfunde Abstand bis auf fünfzehn Zentimeter schrumpfen.

Treffen zwei in dieser Hinsicht extreme Kulturen aufeinander, sind Missverständnisse vorprogrammiert. Während der eine sich ständig bedrängt fühlt, hat der andere das Gefühl, abgewiesen zu werden. Ein auf Vertrauen basierendes Geschäftsklima kann man sich in einer solchen Situation kaum vorstellen.

Vorsicht: interkulturelle Differenzen

Der Individualabstand ist nur ein Beispiel unter vielen. Kulturell unterschiedlich ist daneben auch, wie schnell man bei geschäftlichen Begegnungen auf den Verhandlungsgegenstand zu sprechen kommt. Es kann einen deutschen Geschäftsmann schon mal zur Weißglut bringen, wenn er erst eine Stunde lang über Dinge sprechen soll, die seiner Meinung nach nebensächlich sind.

Es würde hier viel zu weit führen, ins Detail zu gehen, doch kam es uns darauf an, Ihnen bewusst zu machen, dass unsere Einschätzungen anderer Menschen auch kulturell geprägt sind. Bei der Zusammenarbeit mit ausländischen Geschäftspartnern sollten Sie sich deshalb vorab informieren, ob solche kulturellen Unterschiede existieren und worin sie bestehen. Auf diese Weise wappnen Sie sich gegen inadäquate Urteile. Denn auch auf Ihre ausländischen Partner soll Ihre Ausstrahlung schließlich positiv wirken!

Vertreten Sie Ihre Werte entspannt

Ein weiterer wesentlichen Faktor, der Sie zu einem erfolgreichen Umgang mit anderen Menschen, mit Kollegen und Chefs führt, ist, sich für Ihre Werte und Ziele einzusetzen. Menschen, die sich für ihre Lebensziele, Wertmaßstäbe und ihre Arbeit begeistern können, vermitteln dies ganz unbewusst: Sie strahlen es aus. Ein solches Eintreten für bestimmte Ziele wirkt positiv auf andere. Haben Sie Mut, Ihre Werte offen, aber entspannt zu vertreten – das schafft Ihnen Respekt und Sympathie. Es ist nämlich genau umgekehrt, als wir in der Regel glauben. Denn wer immer im Vagen bleibt, sich nie festlegt, kann keine starke Ausstrahlung entwickeln.

Exkurs: Lachen mit Erfolg

„Ein heiteres Gesicht ist für den Menschen fast so gut wie Reichtum“, hat Benjamin Franklin einmal gesagt. Wir erleben es fast täglich: Nichts wirkt attraktiver als fröhliche Menschen. Sie ziehen uns an, reißen uns mit und verbreiten eine angenehme Atmosphäre. Lachen und Lächeln entspannen uns und verhelfen uns direkt zu einer besseren Ausstrahlung. Doch Lachen ist mehr. Positive Gefühle halten uns psychisch und sogar körperlich stabil.

Lachen als Therapie

Über die therapeutische Seite des Lachens hatten wir schon im ersten Kapitel kurz gesprochen. Tatsächlich ist herzhaftes Lachen richtig gesund: Es aktiviert das gesamte Herz-Kreislauf-System und, wenn wir häufig und regelmäßig lachen, erhöht sich unsere Widerstandskraft gegen Krankheiten. Denn dabei steigt nachweislich die Anzahl natürlicher Killerzellen, die für die Immunabwehr von besonderer Bedeutung sind.

Schließlich können wir uns selbst am meisten helfen, wenn wir ganz bewusst ein freudig strahlendes Gesicht aufsetzen und positive Gefühle simulieren. Wie wir heute wissen, erzeugt ein bestimmter Gemütszustand nicht nur die entsprechende Mimik, es wirkt auch umgekehrt. Eine bestimmte Mimik, insbesondere das Lachen, lässt im Gehirn den entsprechenden Gemütszustand folgen. Helfen Sie sich also selbst: Lachen Sie wieder öfter, auch wenn Ihnen gerade nicht danach ist!

Werden Sie glücklich

Eine ähnlich positive Rückkopplung passiert im Austausch mit anderen. Lachende, glückliche Menschen wirken anziehend. Sie knüpfen leichter Kontakte, fühlen sich akzeptiert – und glücklich. Psychologen, die sich wissenschaftlich mit dem Lachen auseinandergesetzt haben, fanden heraus, dass sich glückliche Menschen für Eindrücke von außen besser öffnen können und empfänglicher für Gefühle sind.

Humor macht führungsstark

Dass fröhliche Menschen meist besser ankommen als verschlossene, wissen wir. Humor hilft auch, erfolgreich Stress zu bewältigen und unser Leben zu meistern – so jedenfalls das Ergebnis führender Lachforscher. Humor und Lachen fördern in jedem Fall unsere Ausstrahlung.

Schon in Gruppen von Jugendlichen sind es in der Regel die Humorvollen, die soziale Führungspositionen einnehmen. Offenbar geht mit der Fähigkeit, über sich selbst zu lachen, auch die Fähigkeit einher, die Umwelt offener und damit realitätsnäher zu beurteilen. Dass diese Fähigkeit in Führungspositionen wünschenswert ist, liegt auf der Hand.

Mut zur Unvollkommenheit

Eine Definition von Humor kennen Sie alle. Sie stammt von dem Schriftsteller Otto Julius Bierbaum und lautet: Humor ist, wenn man trotzdem lacht. Humor ist eine Fähigkeit, Angriffe unverletzt zu überstehen: Man lacht darüber. Es ist der Mut zur Unvollkommenheit, eine relativierende Haltung, die uns dabei hilft, uns so zu akzeptieren, wie wir sind. Humor beruht auf einer realistischen und souveränen Einschätzung unserer Möglichkeiten. Gleichzeitig schützt er uns davor, unsere Misserfolge überzubewerten und daran zu zerbrechen. Humor ist die beste Therapie gegen Angst. Humor führt, im Sinne dieses Buchs gesprochen, zu innerer Balance und ist gleichzeitig Ausdruck dieser Balance.

Glück ist kein Zufall

Sie können aktiv etwas für Ihr Glück tun, auch wenn Sie es nicht nach vorgegebenen Schemata und Regeln erzwingen können: Befreien Sie sich von gängigen Überzeugungshaltungen und Meinungen. Die positive Botschaft dieses Buchs lautet: Sie haben im Sinne der Entwicklung Ihres Bewusstseins nur eine einzige Aufgabe – mehr und mehr auf sich selbst und Ihre Gedanken zu achten. Denn nur dann sind Sie in der Lage, Ihre eigene Wahrheit, die Wahrheit eines anderen Menschen und Ihres Umfelds zu erkennen. Mit anderen Worten: Sie wissen intuitiv, was Sie stärkt oder schwächt und in jedem Moment Ihres Lebens möglich ist und wie es möglich ist. Die schlichte Aufmerksamkeit von Herzen, frei von Analysen, Urteilen und Interpretationen, ist die beste Basis und Voraussetzung für ein erfolgreiches und glückliches Leben.

■ *Gönnen Sie sich öfter einmal ein Lächeln, versuchen Sie das Leben nicht allzu verbissen zu sehen und mit sich und anderen liebevoll umzugehen.* ■

Stichwortverzeichnis

ACT Authentic Competence Training®

1. ACT Basistraining: Full of Energy!

Mehr Balance und innere Kraft!

Finden Sie Ihre innere Balance - körperlich, geistig, seelisch, und das ganz leicht:
14 einfache Atem- und Haltungsübungen im Liegen, Sitzen, Stehen und Gehen bringen Sie zu mehr Gelassenheit, Souveränität und innerer Kraft im Alltag.

2. ACT Aufbautraining: Ausstrahlung!

Entdecken Sie selbst, was noch in Ihnen steckt!

Lernen Sie, sich selbst und andere besser zu verstehen, vor allem das Unausgesprochene zwischen Ihnen und anderen Menschen. Nur so können Sie in jeder Situation wissen, "was möglich ist" und "wie es möglich ist".

3. ACT Medien-, Kamera- und Rhetoriktraining:

Optimal für Führungskräfte und Künstler.

Steigern Sie Ihre Publikumswirkung in Pressekonferenzen, Talk-Shows und Interviews, als Redner, Präsentator oder Moderator durch Präsenz und Rhetorik.

4. ACT Teamtraining:

Teamentwicklung geschieht von innen.

Entwickeln Sie als Team eine eigene Kultur positiven Umgangs, die Ihre Kommunikation vereinfacht, die Lösungskompetenz erhöht und zusätzliche Potenziale ans Licht bringt. Steigern Sie die Effizienz und Außenwirkung.

Mehr Informationen zu ACT Trainings, Workshops und Reisen im Internet www.act-center.de und per Telefon +49 (0)171.44 17 149

Michael A. Reiter · ACT Authentic Competence Training®
Postfach 80 14 27 · D-81614 München · act@act-center.de